改變人生 的 100個夢境

THE TOP 100 DREAMS

The Dreams That We All Have And
What They Really Mean

伊恩‧華勒斯 *Ian Wallace* ——著

陳重亨 ——譯

目錄

獻給持續關愛我
帶給我靈感和啟發的
媽媽和爸爸

寫給所有做夢的人
FOR ALL THE DREAMERS

　　從我很小的時候，做夢這件事就非常、非常吸引我。我所記得的最早記憶，其中一個跟一場夢有關。有一次我夢見一輛蒸汽火車在蘇格蘭鄉間呼嘯奔馳而過，這場夢讓我驚醒，也吵醒了我爸爸。他還過來安慰我，好讓我再次酣睡。隔天，他牽著我的手，帶我站在一座橋上，底下剛好可以望見鐵路經過。當火車轟隆隆的從橋下通過我時，我很驚奇的發現昨夜的夢境已經變為真實。我爸爸不是心理學家，他只是個礦工，但是他對於一些不可見的形式擁有一種直覺的領悟，對現實世界中那些豐富的可能性也知道如何更深入探索和挖掘。

　　由於父母的鼓勵和指導，我開始探索自己的夢，研究那些故事到底有什麼意義。我越是深入研究自己的夢，就對別人的夢也越感到好奇，這不僅僅是分析解構他們的夢境，而是被這些做夢的人所深深吸引。我早年的這些研究和探索，有幸跟成千上萬位做夢的人一起合作，衷心感謝他們跟我分享那些夢。

　　我特別要感謝一些幫助我完成某些夢想的做夢者。

　　謝謝羅娜（Rhona）、科林（Colin）、馬修（Matthew）、丹尼爾（Daniel）和托馬斯（Thomas）。當我夢見這本書的時候，他們給我所有的愛和支持；當我努力將這本書轉化為真實的時候，他們又提供我許多幫助。

　　謝謝尼爾・史列索（Neal Slessor），他以勇氣和毅力來實現自己的夢想，不管他身在何處都是我真正的朋友，永遠樂於幫助我。

謝謝艾琳‧吉柏（Aileen Gibb），她不斷的鼓勵我，給我啟發。她的美妙工作也讓很多人得到啟示，找到自己的未來。

謝謝凱斯‧麥西（Keith Massie）分享他富於遠見的領導過程，讓我們學會如何利用夢境作為實現夢想的工具和零件。

謝謝諾爾‧泰爾（Noel Tyl）這位極具天賦的心理學家和表演者，他教會我：如果想瞭解神祕事物，我們必須先探索自己故事的神祕。

謝謝麥克‧鮑威爾（Mike Powell）以他的獨特魅力在電視和廣播中的加持，讓我得以接觸到另一群做夢者。

謝謝克里斯‧埃文斯（Chris Evans）的寬大和慷慨，邀請我上他的節目；謝謝海倫‧托馬斯（Helen Thomas）和蘇西‧迪特里希（Suzie Dietrich）安排我上節目，促發一些新夢想的連結。

最後，我要謝謝史蒂夫‧萊特（Steve Wright）這位廣受歡迎的熱心主持人，為每天數以百萬計的聽眾帶來更廣泛的認知；也要謝謝英國廣播公司（BBC）的路易絲‧哈蘭（Louise Hulland）為我聯繫史蒂夫。

關於夢

ABOUT DREAMS

一百億個夢
TEN BILLION DREAMS

　　各位正在讀這些文字的時候，全世界大概有三分之一的人正在睡覺，在他們醒來之前，總共大概會做超過一百億個夢。對於個別的做夢者而言，這些獨一無二的怪異夢境似乎是隨機出現，但是絕大多數的夢境其實都遵循著一些類似的主題或模式，是我們每個人都曾經夢見過的。這些夢境模式已經存在了幾萬年，早就成為人類歷史上一些流傳最久的故事和信仰的衍生基礎。

　　我擔任夢的心理學家已經三十年，在這段期間曾經研究分析過十幾萬個夢境，發現其中大約有一百種常見的夢境模式一再的出現。這些做夢的人來自全球各地，但不管他們來自什麼國家或文化，他們也都做過這些常見的夢境。從俄羅斯的警察到日本料理師傅，從挪威的單車騎士到委內瑞拉的護士，從印度舞者到安哥拉的石油工人，全世界每個地方的每個人都會經驗到這些相同的夢境基本模式。這些普遍的夢境主題，不只是做夢過程中的種種怪異表現，它們對於做夢的人更是一種更加深層的揭示。

　　雖然我們可能以為這些夢的出現純屬隨機，不是我們可以控制或左右的，其實正好相反。不是夢境找上我們，而是我們找上夢境。我們做夢的時候，絲毫不費力氣就創造了整個世界，從遙遠星群的閃爍星星到情人手上的細微指紋，都能在夢中出現。我們可以在夢中創造出這些自然模式，是因為它們正反映著我們在清醒時經驗到的自然本質。在日常生活的繁忙喧

囂下，我們也都想要更深入認識自己生命中的真正目的和意義。

而我們在夢中創造出來的這些共通模式，正呼應著這個深層的探索，不過非常矛盾的是，我們卻都輕易的以為這些夢沒有什麼意義，對於認識我們的真正目的沒什麼幫助。儘管我們的夢境似乎總是顯得非常荒唐，但是那些能夠理解我們夢之語言的關鍵不但可以辨識出個人符號，同時也能用來解析我們所創造出來的更深層的夢境模式。一個孤立的符號常常讓人看不出意義何在，似乎也沒什麼重要性，但是如果把它放在更豐富的夢境主題之下加以觀察，就能從中解讀出更多的訊息。退後一步來檢視這些基本的夢境模式，就能看見一幅更大的圖像，它不僅出現在我們的夢境之中，其實也出現在我們清醒的日常生活裡。

本書要介紹的這一百種夢境，同時解釋我們最常經驗到的這些夢境模式，到底想要傳達什麼樣的訊息。各位看了之後大都能馬上認出這些模式，日後也將能夠理解這些夢境的意義和它們想要傳達的訊息。各位不一定要能夠辨識出那些特定的夢境符號，才能與它們有所連結，而是能夠從特定夢境模式的普遍意義著手，將它們應用到你個人的情境之中。我們也將介紹這些夢境模式的心理背景和文化背景，並提供行動建議，讓各位能夠從你自己的夢境中得到最大的幫助。

希望和抱負
HOPES AND ASPIRATIONS

　　儘管夜裡做的夢跟日常生活似乎毫無關係，你的夢還是會反映出清醒時的生活基本模式。「夢」不但是我們在夜間的心靈冒險，同時也代表著清醒時的希望和抱負。雖然我們清醒時對於夢想進行有其目的上的追求，跟夜間自然而然做的夢不見得有所關聯，然而這兩者主要是受到我們大家都擁有的深層自我意識所驅動。這種對於自我更為基本的瞭解是人類的本能，也就是我們的潛意識。

　　潛意識常常被認為等同於遺忘，但事實上我們的潛意識一直不停在吸收所有的資訊和經驗，只是我們自己不知道而已。作為一個理性的人，你在清醒時所接受到的更廣泛經驗，大多數都會被自覺的過濾掉，因此它們唯有在夢中才會讓你再次遇到。儘管你通常不會意識到身體裡還有這個潛意識領域，但它其實包含了你過去所有的經驗，也涵蓋了可能的未來，對於實現清醒時自我的真正目的，激發自我潛能，都是非常珍貴的助力。

　　你做的那些夢正是表達潛意識認知的故事，反映出你在清醒時所發現最有意義的事物。這些夢境故事就是你潛意識認知的自然語言，比起你意識所及的自我擁有更深邃的智慧、更寬廣的理解。

　　不管是在世界的哪個地方，我們都在不知不覺中，一再創造出相同類型的夢境故事，而這些故事都在回答一些問題，一些我們根本不曉得自己已經提出的問題，例如：「我要怎樣

才能真正改變自己的生活？」「為什麼我總是愛上不對的人？」或者「為什麼我懷才不遇，沒人發現我的才華？」

我們的夢一直在提供諸如此類問題的答案，儘管你可能希望這些夢可以幫你解決問題，但也不要忘記，所有的夢都跟做夢的那個人緊密相關。你會透過夢境來表現出自己的心理，展現出真實的自我，揭示你真正的需要，還有你真正的信念。你從夢境中得到的，不是希望能獲得什麼人來幫助你解決問題，而是你的潛意識早就知道的完整自我，只是你自己大多沒發現而已。探索自己的夢，你就能成為自己的心理學家，利用這些潛意識的洞察和理解，就能引導你實現自我。

正如晚上做的夢一樣，你的日常生活通常似乎只是一連串的隨機事件，鬆散的連接起來，你無法瞭解自己最大的雄心抱負到底在哪裡。你在清醒時的生活壓力和要求，讓你感覺自己跟你的更大夢想割裂開來；那些無法得到滿足的需求，還有難以發揮的潛能，都令你感到沮喪。但是，如果你能夠更瞭解自己的夢，瞭解你的潛意識通過夢境想要表達的故事，你就可以把這層理解帶進現實生活裡，讓你的夢活起來，而不再苦於遍尋不著自己的目標。

照亮與探索
SHINING AND SEARCHING

我們似乎只有在睡覺時，才會在夢中經驗到那些潛意識的故事。每天晚上，你沉浸在那些自己毫不費力就創造出來的夢世界，直到鬧鐘響起，讓你迷迷糊糊的回到清醒時的現實生

活。但是你並不會因為鬧鐘的聲音就馬上停止做夢，此時你的潛意識會像道光束般照進你的日常生活空間，儘管你可能不知道自己正在這麼做。當你的潛意識照進你的周遭環境時，你的心靈探照燈將會照亮各式各樣神祕難解的事物，然而這道光束反射回來的，似乎顯得錯綜複雜而令人困惑。

　　各位或許以為，那就乾脆忽視那些潛意識的擴張效應，捨棄那些或許豐富卻含糊不清的資訊，只專注於那些我們看得見、感覺得到的事物就好，這麼做的話也許事情會比較容易。然而就算你想把那些潛意識反射進來的東西鎖在外頭，它們還是會持續不斷滲入我們的意識層面，偶爾的靈光乍現一樣會讓我們一瞥那個更大的生命格局，就像是一台無法選台的電視機偶然鎖定在你最喜愛的電視節目。這些偶然乍現和意外片段似乎往往都能傳達出某些深刻含義，也能夠輕易贏得我們的注意，希望瞭解其中的意義。要做到這一點，最簡單、最自然的辦法就是先來理解你在夢中創造的故事。

　　要探索這些一瞥即逝的乍現靈光，你也許不會透過夢中的本能認知，而是嘗試著運用我們的意識心靈，想要把這些事物合理化。然而這種合理化的方式會讓原本可得的廣闊理解限縮在狹窄的範圍內，就好比躲在家裡只透過信箱的小孔窺伺外頭，卻不願打開大門走向寬廣的大世界。躲在裡面似乎比較容易獲得邏輯和客觀性的安全保障，卻也讓你完全無法進入夢的領悟。有些人就敢跨出門去，走進自己的潛意識，運用自身擴張的理解能力，對於自己和周遭世界進行深刻的理解和探索。

　　一八九五年的時候，阿爾伯特‧愛因斯坦（Albert Einstein）夢見自己在一道星光下，從覆蓋著白雪的山坡上坐著雪橇滑下

來。他運用這個靈感，把「相對論」（Theory of Relativity）帶進現實世界。他後來發表感想說：「對我而言，有意識的吸收知識的才能，還不及做夢天賦來得更具意義。」愛因斯坦利用夢中所見，擴充了意識層面的理解，成為科學界一位真正的夢想家。這些高瞻遠矚的夢想家樂於接納潛意識浮現的故事，我們在科學和技術上的進步大部分正是他們做夢做出來的結果，這麼說可一點都不誇張。

　　奧維爾和威爾伯‧萊特（Orville and Wilbur Wright）兩兄弟常常夢見踩著腳踏車飛翔，後來就在「小鷹號」（Kitty Hawk）迎面撲向狂風砂，實現自己夢中所見，完成人類第一次動力飛行。諾貝爾獎得主物理學家尼爾斯‧波耳（Neils Bohr）的原子模型構想來自一場生動的夢境，他坐在太陽的位置，而群星在他身邊颼颼環繞。有機化學家弗里德里希‧凱庫勒（Frederich Kekulé）在夢中發現苯（benzene）的結構，他在宣布自己的突破發現後，呼籲科學家同僚要「向夢學習」。

夢中人物
DREAM CHARACTERS

　　當你將潛意識的幽光投射進周遭世界時，並不是隨機掃視，而是在尋找某些對你非常重要的人。在其中所包括的種種蕪雜和模稜含糊裡，你正在尋找的是自己的反射，因為你想瞭解真正的自己。在我們意識層面的隨機掃視中，你的真實身分很少會因此而顯現，因此你在本能上會被某些可以反映性格的情境吸引。能夠反映你的自我意識的最佳鏡子，就經由他人反

射回來，並且經由潛意識吸收，這些不知不覺中吸收到的訊息往往能讓你得到更多啟發，讓你認清自己的個性。

認為自己擁有單一身分似乎是個合理的想法，正如你的護照或身分識別卡所表明的那樣，而每一個人也都在某個特定的家庭中有某個身分。然而在不同的時候，根據你的所作所為，還有你身處何地，你都會表現出不同的特性。有時候你所表現出來的特質一如以往，當一天開始的時候，你也許表現自己是為人夫或人妻，然後是某些人的父親或母親，等到進入工作場所的時候則轉化成某種專業身分。但在其他的時候，某些特殊行為會讓你自己都覺得很陌生，你一定聽過自己這麼說：「我不知道自己是怎麼搞的，我怎麼會這麼做呢？」或是，「我覺得這樣真不像我自己！」

對於那些在清醒時候展現的不同身分，你可以刻意忽視，但它們會在夢裡繼續表現出來。那些你在夢中創造的人物，其實就是你的不同面向，這是你跟那些具有某些特殊性質的人物有所接觸後，由這些經驗創造出的人物。如果你想表達某些特殊個性，卻又找不到精確樣本，你可能會直接虛構出某個人物，再把潛意識從其他人那裡觀察到的一些細微差異的個性加以綜合賦予。這些獨創的人物通常可以引導各位去瞭解，某些我們在意識層面上難以理解的情境。

你的夢中人物的行為，通常反映出你跟自己性格中某些特定面向的關係。比方說，你夢到某個心愛的人，這樣的夢其實是反映出你性格中某些深沉而不可言喻的特質。在任何愛的親密關係中，你跟對方在身分上的區隔有時會逐漸模糊，變得難以區別。如果你跟所愛之人分開很長的時間，有時會讓你覺得

好像是自己缺少了一塊似的。出現在你夢裡的所愛之人，會幫助你瞭解他們對你的真正意義，讓你知道他們會如何豐富和激發你的日常生活。

　　有些最常出現在夢中的人物是公眾或知名人士，儘管在現實生活中你跟他們可能毫無瓜葛，但因他們常常出現在公共場所或傳播媒體上，所以你會馬上辨認出來。名人通常代表著某些特定的才能或成就，他們會出現在你的夢裡，通常是為了喚醒你去注意自己性格中珍貴而獨特的面向，這些特質一直在等待你的發現。即使在電視的才藝表演節目出現之前，我們的祖先就已經利用各種不同的神格化人物，來凸顯各種獨特的才華和能力。

夢中動物
DREAM AniMALS

　　正如你在夢中會創造出許多人物一樣，你做夢的時候也會創造出各種生物，在夜晚的冒險中與你相遇。這些夢中動物代表你更接近直覺的本性，雖然人類總是認為自己是更高等的生命形態，但我們仍然是以動物性的形體存在，具有一些自然本性和直覺衝動，這些特質在我們的日常生活中有時甚至顯得不適當或沒禮貌。

　　儘管你的直覺本能可能顯得危險而無法控制，你夢中出現的動物通常具有一種富於創造力的先天智慧，這是我們在日常生活情境中難以自覺和掌握的。

那些出現在我們夢中的動物，反映出某些未知的力量。在法國南部阿爾代什（Ardèche）區域的肖維－蓬達爾克洞穴（Chauvet-Pont-d'Arc）中，我們祖先在三萬年前留下的夢境紀錄裡就出現一些夢中動物。而幾乎所有的人類文化裡，都有一些信仰是跟某些特定動物的特殊力量有關係，例如：古埃及的神貓、美洲印第安原住民圖騰式的夢中動物。在許多人類社會裡，至今仍有許多巫師會利用這些動物的力量來進行某種直觀式的認知，利用牠們在意識和潛意識領域的交會處進行調解。

　　我們會在夢裡創造出各種動物，從凶險而可怕的怪物到忠心耿耿的家庭寵物，可說是一應俱全。家庭寵物代表那些讓你自己感到安心的直覺本能，而野生動物則是那些你想加以瞭解的部分，儘管它們似乎永遠都不可能被我們的意識馴服。雖然我們可能不會巫師那一套，但我們還是會馴養一些家庭動物來貼近自己的動物精神，給予寵物類似人類的名字，把牠們視為家庭成員。當我們小時候，也經常會認為自己的寵物具有種種神奇特質，而我們最喜愛的玩伴有時候也會以動物圖騰呈現，例如泰迪熊或其他可愛玩偶等。

　　在我們小時候聽到的第一個故事、讀到的第一篇故事，裡頭幾乎都充滿了各種動物，當我們開始牙牙學語，模仿各種聲音的時候，動物的叫聲會是我們最早發出的聲音之一，這些都是我們不自覺的表達動物性本能的跡象。在我們開始會喵喵叫、哞哞叫的時候，也開始會辨識卡通裡的人物和角色，裡頭就有許多會說話的動物。我們也在夢裡跟自己內在的動物本能持續呼應，創造出各式各樣的神奇動物，有些甚至是半人半獸的混合體。這些神奇而美妙的生物甚至會超越我們的夢境，

出現在各種神話和傳說故事裡，例如：獅身人面獸斯芬克斯（sphinx）、狼人或者是小熊維尼（Winnie the Pooh）。

雖然我們感受到社會壓力要求我們馴服這種動物性本能，而壓抑也會讓我們感到緊張和不安。那些在夢中與我們相遇的動物，常常代表我們身體的某個部位，要求我們給予培養和照顧。就跟巫師一樣，大部分的傳統療法都會利用動物來代表療癒能力。就算是要求最為嚴格的西方醫學，也以蛇身纏繞的阿斯克勒庇俄斯之杖（Rod of Asclepius）作為標記。不管我們多努力壓抑本能，這些動物都會繼續在我們的夢中出現，在我們的潛意識裡飛翔騰躍，踟躕徘徊，帶給我們啟發，賜給我們力量。

夢中事件
DREAM EVENTS

你在夢中的經歷，往往就是夢中人物和動物所產生的行動，由此展開的一連串事件。你要是聽別人描述夢境，最常聽到的一個詞就是「然後」，然後怎樣，然後怎樣，一直到最後，「然後，我就醒了！」。這些「然後」標示著你夢境中的重要事件，也讓你知道那些夢中故事是如何上演。那些埋藏在你潛意識裡的特性，會在你的夢中發展出獨特情節，而你就在這些事件裡經驗到種種人物和角色。雖然夢中的事件似乎都是獨一無二的，事實上它們往往都會遵循著某些類似的主題。這些我們在夢中普遍共有的事件，也在我們的現實生活中，形成一些廣為傳誦的神話和傳奇故事。啟發了喬治‧盧卡斯

（George Lucas）創作《星際大戰》（*Star Wars*）系列作品的美國神話學家約瑟夫・坎貝爾（Joseph Campbell）針對全球數百種文化，研究幾千個跟夢有關的神話故事，發現每一個神話裡幾乎都包含著相同的故事結構。這些神話故事結構反映出我們個別的生命故事，因此才能喚起我們的深刻共鳴。

在我們的夢境故事中，會有三個基本事件依序開展，首先是呼應某個行動需求，再來是做出深刻而重要的承諾，最後是我們內在天賦的成功實現。正如文學上所有的偉大故事一樣，我們會在行動需求之前進入夢境，如果是舞台劇的話，這就是第一幕，或者好萊塢編劇會說是個鋪陳，交代一些背景故事。到了第二幕就展開行動訴求，這通常就是故事的主要部分。當我們逐漸深入這齣戲的時候，就必須做出一個艱難的決定，這時大概是在第二幕的中間位置。

我們常常在那個決定性的時刻逃跑，不過如果我們願意做出選擇，對自己做出更為深刻的承諾，我們就會更加深入第二幕，甚至碰到更多的挑戰。當我們挺身迎向挑戰，就會順利進入第三幕，我們最後會在這裡解決那個呼喚行動的戲劇張力。等到這場戲的劇幕落下，或者演職員表開始跑的時候，我們就會發現這個故事，不管是在夢中或在清醒時的現實世界，都會讓我們更深入也更全面的認識到自己的天賦。這個做夢三部曲，在所有的經典戲劇或電影裡幾乎都找得到。

典型的夢大概是持續十五至四十五分鐘不等，在這段時間內，雖然只是有限的情節在推動整個故事，但要把你一輩子都塞進來也不成問題。你會像個技藝高超的編劇一樣，自動讓故事向前推展，讓你創造出來的人物角色持續揭示動機和欲望。

你會覺得自己在夢裡經歷的是實際的時間，但它其實是故事性的時間，將你的夢中敘述加以分割和壓縮，凸顯夢中故事的重要事件。

夢中地點
DREAM PLACES

在你的夢中，那些人物角色會在你創造出來的各種地點上演你的故事。這些在夢中展現的景觀，將反映你的內心世界，映現你對於清醒時現實環境的觀感。如果在夢中出現你熟悉的地點，那些地方將是你留存特殊記憶的場所，例如小時候的住家或教室。除了偶爾重新造訪這些熟悉的地點之外，你也會在夢裡創造出一些陌生地點，這是為了發掘和探索現實世界中浮現的未知可能或潛在事物。你找到路徑，通過那些夢中地點，也就等於是在現實生活中，想要找出方法來達到自己想要完成的情境或境界。

當你夢見進入建築物裡，例如進入房子或辦公室，那是在檢視自我的性格，或某種你發覺到自己擁有的潛能。如果是夢到身處建築物的外頭，則是在思考那些無法即時察覺的未知到底包含著什麼祕密，而你正在想辦法探索這些可能性。如果夢中地點在城市地區，如城鎮或都市裡，是代表那些你在現實生活中建立的複雜知識或豐富經驗；倘若是在鄉村地區或是戶外，則是為了喚起更廣泛的天性，其中存有更多機會可以嘗試。在夢中前往遙遠的地方旅行，代表那些你在現實生活中碰到的陌生或異國事物。

我們在日常生活中所使用的語言，會呼應潛意識對於我們內在心態或想法的觀照。當我們說到「有座大山要攀越」表示要很努力時，最後可能發現現實中的確出現了某個絕大的挑戰情境；當我們著眼於微小細節，而忽略了更為全面的觀照時，我們會說：「我們不要見樹不見林。」儘管我們居住在距離海邊很遠的地方，我們還是可能會說：「海岸淨空！」（the coast is clear，譯按：意指前方沒有危險或障礙）。當我們正在從事某些熟悉事務，我們會說感覺「就像在家裡」或者「就在我的地盤」。

當你的潛意識照進現實環境裡，有時候就會發現某些外在世界的地點或場所正好呼應你的內心想法。這會讓你覺得跟那些特定地點產生更為深刻的連繫感，成為對你極具啟發或激勵作用的地方。有些地方能夠反映出族群的內心世界，久而久之成為神話或傳說中的聖地，被許多人視為心靈上的重要地點或場域。人們可能會在這樣的地點興建教堂、廟宇或神殿，以資彰顯頌揚；在運動場上，我們也常看到有些人會特別聚集在他們認為神聖的某塊草坪上。

你的潛意識對於你到底是誰的自我認知，大部分是根據對於你來自何處，又想去向何方的理解而來。我們的文化裡都會想望一些超脫凡俗的許諾之地或者夢土樂園，諸如：香格里拉（Shangri-La）、香巴拉（Shambhala）、極北樂土（Hyperborea）和烏托邦（Utopia）等等。有些人坐在桌子前面或者正走在街道上，當你看著他們的眼睛，偶爾會看到某種已然飄向遠方的眼神，那是他們的潛意識正自由的在他們夢中的地點漫遊。這些應該出現在夢裡的目的地也許在地圖中找不到，也無法對應到全球定位系統（GPS）中的特定一點，但在我們的潛意識視野

中，它們是非常真實的地方，是那種我們可以真正回歸自我的
地點。

夢中物件
DREAM OBJECTS

　　在你創造出人物、事件和地點的同時，你同時也在夢裡創
造出所有物件。你夢見的各種物件反映了那些你用來塑造自己
現實生活的工具和資源，正如你在夢境所看到的其他事物一
樣，這些夢中物件也不再只是侷限在日常實用層次，而是具有
某些更深刻的重要性質。這些夢中物件將是充滿著超脫物質條
件的意義，幾乎是變成擁有某種魔力的東西。不過，這個魔力
並不是指物件本身，這些東西只是反映你的內在才能，這是在
潛意識照射之下才會顯現出來的。

　　幾萬年來，我們人類一直想努力搞清楚，這些在我們夢裡
和現實生活中，由潛意識反映出來的東西究竟是什麼。對於這
些潛意識映照出來的物件，我們經常運用邏輯和理性加以審
視，但這種理解方式無法掌握很多直覺感知才能得到的意義。
運用理性的語言很難描述這些似乎是非理性的東西，因此在我
們的文化和所遵循的信條中，逐漸形成利用某些符號來客觀表
達那些難以界定的事物。對於那些我們的意識難以言說的無形
意義，符號正是一種有形的再現。

　　我們夢見的物件呼喚潛意識賦予其意義，而這就是符號性
質的由來。「符號」似乎是個抽象的概念，但在我們身邊隨處
可見，從企業標誌到電腦圖像，從球隊的代表顏色到某些宗教

肖像，這些都是符號。在我們的祖先發展出語言之前，就會利用符號來溝通，即使是在人類發展出語言之後，我們還是繼續運用符號來表達某些最深切的感受。我們運用這些在夢裡看到的物件，來表達某些難以言喻的東西，而這些符號並不只是某些事物的替代品，而是讓我們得以跟自身之外的某些東西相互連結的方式。

「符號」（symbol）這個字來自希臘文 symbolon，原指一分為二的信物或憑證，通常是錢幣或骨幣分成兩半，由兩人各執其一。把兩件信物合而為一，就能驗證彼此身分無誤。在互不認識的情況下，這就是建立信任與誠實連結的方法。因此，符號的意義即來自這種超越自身的連結能力，而不在於它本身的物質條件，因此才會顯得如此珍貴。

在我們清醒之時所處的現代生活中，那些可以讓我們連結自身之外的東西，即是我們認為最具符號意義的事物。它們可能是信念或信仰的符號；不過我們現在最重視的夢中物件，是我們經常用來跟別人聯絡的手機。我們的手機具有把我們跟一個更大自我意識連結起來的潛能，因此它才會成為當代社會中處處可見的必要物件。我們在夢裡創造出來的物件也是經由潛意識，將我們和自身之外的事物相互連結，而人類的天性就是會不自覺的想要探查這樣的連結關係。

夢中語言
DREAM LANGVAGE

我們在夢中創造出來的圖像和符號，不但可以傳送我們自

身之外的訊息，我們也可以用它們來向他人表達自己的夢境經驗。古希臘人的「隱喻」(metaphor)一字，即表示利用某種東西來表達另一種東西的意義或特性。希臘哲學家兼劇作家亞里斯多德(Aristotle)曾指出：「最佳的解夢者，就是那些可以捕抓到相似之處的人。」他所說的就是我們做夢時，這種可以傳達意義的轉喻能力。另一位希臘學者，第一本釋夢字典《解夢》(Oneirocritica)的作者阿特米多拉斯(Artemidorus)也曾說過：「解夢不外乎相似性質的並列排比。」

在我們的想像領域裡，隱喻本來是一種自然生成的表達方式。儘管大家都會運用隱喻，有時候卻也像是後天學習的外國語言一樣，不知怎麼就被人遺忘了。不過在我們的日常生活裡，我們也常常不自覺運用「隱喻」這種夢中語言，例如我們會很直接的說「受天氣影響」(under the weather，意指身體不舒服)、「一塊蛋糕」(a piece of cake，指某事容易完成、一點也不困難)、「大家都在同一條船上」(all in the same boat，表示命運或境遇相同)或「橋下的水」(water under the bridge，指那些想要忘記、拋卻的往事，可能是衝突或不愉快的事情)等等成語，來表達一些不同的意思，但是如果你仔細想想實際上說了些什麼，其實都是一些相當奇怪的事物。

我們夢中語言所運用的慣用意象並非隨機選擇的，透過這些慣用意象可以描繪出我們的夢中風景。我們會利用土地的「堅實」來代表實用和真實，例如英文用法會說「down to earth」代表真實、合理；「solid effort」指確切、扎實的努力；「well grounded」指基礎牢固、有充分根據或者受過良好訓練。天空通常代表思考和想法，例如：「blue-sky thinking」代表虛浮不實的想法；表達看法或觀點是「airing your views」；跟朋友閒聊談天叫做「shooting the breeze」。水象徵著情感和經驗，語言上的例子像是：出於真誠、發自內心叫做「feel it in my water」；哭得非常傷心會說「floods of tears」；情況不佳或衰退則叫「at a low ebb」。火和光則代表創造和激情，例如我們常說：熾欲熱望，「burning desire」；當某事受到刺激而發作，或一群人興沖沖的做些什麼，叫「all fired up」；靈機一動或突然瞭解某事，則說是「a light-bulb moment」。

正如同口語和書面文字的演變，一些話語也會又恢復成原來的圖像，讓我們在做夢時可以運用它們來表達更深層的意義。當我們在夢中看到某個珍貴圖像時，也常常會運用雙關語的技巧來創造我們專用的語法。這些夢中的雙關語通常會運用兩個發音相同的文字來代表指稱不同的含義，也就是我們說的同音異義。例如，根據報導許多名人都曾夢見跟女影星費·唐娜薇（Faye Dunaway）一起出現在某部電影裡，這並不是希望實現願望，而是反映持續不斷的焦慮，害怕自己職業生涯走下坡，擔心自己名人地位的消褪（fading away）。

在大多數的民族文化裡都有一些傳說故事，宣稱人類語言在分歧成許多種以前，全世界都說同一種話。其中最知名的大概就是「巴別塔」（Tower of Babel）的故事，大意是說當時大家在巴別塔都可以用同一種語言來交談，後來人類被分散到世界各地才發展出不同的語言系統。不管這個故事具有多少真實性，人類共通的夢中語言仍然繼續以符號和隱喻等明顯的圖像來進行。每當你在現實生活中使用成語或比喻的時候，都是在

運用夢中的本能語言。

夢中故事
DREAM STORIES

我們做夢的時候會出自本能的運用意象語言，而且自然而然將夢中運用的符號組成更複雜的模式。這些模式就是我們解釋世界、瞭解自我的主要工具，我們稱之為「故事」。當我們在現實生活中碰上某些無法理解的事情，我們會試著從中抽檢出某些有意義的主題，然後將它們組成某種「故事」模式。當我們想知道某個狀況的複雜性時，我們常常會問説：「這裡頭有什麼故事嗎？」如果我們發現各個主題相互脱節，整個模式變得毫無意義時，我們常説我們已經「搞丟了情節」（lost the plot，意指搞不懂狀況、分不清來龍去脈或失去理智）。

我們的夢有時彷彿顯得短暫而虛幻，但世界上有許多偉大而不朽的文學作品正是來自於作者探索潛意識的啟發才完成的。詹姆斯・喬伊斯（James Joyce）是愛爾蘭最富才華的作家之一，雖然他最擅長的寫作風格被稱為「意識流」（stream of consciousness），其實應該叫做「潛意識流」才對。喬伊斯最著名的作品《尤利西斯》（Ulysses），即是根據荷馬（Homer）史詩《奧德賽》（The Odyssey）主角奧德修斯（Odysseus）如夢似幻的旅程，援引相同的神話模式所創作出來的潛意識意象。後來在另一部小説《芬尼根的守靈》（Finnegan's Wake）裡，喬伊斯又繼續以他的潛意識流風格，跟我們分享更多的夢中意象和同音異義字。

另一位最偉大的作家、劇作家兼詩人威廉·莎士比亞（William Shakespeare），他那些輝煌燦爛的戲劇作品也常常是以他自己的夢境作為基礎。莎士比亞有許多齣戲可說是夢的戲劇化，他早期創作的歷史劇，如《亨利六世》（Henry VI）和《李察三世》（Richard III）即是以夢境或夢兆開場，後來在《馬克白》（Macbeth）的刺殺場景和描寫茱麗葉（Juliet）希望羅密歐（Romeo）復活的一吻，莎士比亞再次運用了夢中意象。除了運用夢境來安排情節，莎士比亞有許多齣戲也都安排在宛如夢境的場景裡，例如：《冬天的故事》（A Winter's Tale）中的波希米亞森林（Bohemian forest）；《暴風雨》（The Tempest）中普洛斯佩羅（Prospero）施加魔法的小島；還有《仲夏夜之夢》（A Midsummer Night's Dream）如夢似幻的場景。

莎士比亞和喬伊斯都是譽滿全球的文學大師，不過當我們做夢的時候，我們也一樣都是世界級的作家和劇作家。我們的夢就是一則自然而然產生的詩歌，它不僅是單純描述一個世界，而是運用充滿喻義的意象憑空創造。我們在夢中創造出來的故事，都是為我們跟自身之外的某些事物相連結，把我們在現實生活中的內在體驗轉化成更為深刻的意義。當我們連結這些經驗片段來建立更具意義的模式，我們的潛意識即可藉此更細微的表達出比我們生活更大的故事。

正如我們的夢存在著某些模式一樣，我們在清醒時所講述的故事也一樣會遵循一些基本模式。現代中一些廣為流傳的故事，往往只是潛意識在複述那些歷久不衰的古老傳說。史蒂芬·史匹柏（Steven Spielberg）的電影《大白鯊》（Jaws）雖是根據彼得·班奇利（Peter Benchley）小説改編而成，但裡頭

卻跟一千二百年前的英格蘭史詩《貝奧武夫》（Beowulf）有著奇特而不自覺的相似之處。那首英雄史詩所記錄的是在海洛特（Heorot）附近海岸村落遭受水怪格倫戴爾（Grendel）侵擾威脅。在人類的藝術、心理、靈性和神話裡，存在著一個更為廣闊的創造基礎，而我們的夢中故事就是讓我們清醒時的真實生活可以直接跟這個基礎所創造出來的故事相連結。

夢中神話
DREAM MYTHOLOGY

　　現代社會常常把神話故事視為無稽之談。我們也常常説某件事情「只是個神話」或者「只是在做夢」，不過這麼一來也斷絕了我們跟自身那個大故事的連結。我們自己的神話並非虛浮無根，而是來自於一個更為深沉的內在結構，這是我們瞭解自己生活，為它創造意義的手段。古老的神話看似跟現代文化無關，但是當我們開始分享自己的故事，也就等於創造出自己的神話，這正是心理探索最基本的形式。

　　那些源自古代神話的故事，形成我們現代所有心理和行為研究的基礎。儘管那些神話裡可能充斥著男女諸神——還有許多奇妙生物和不可能發生的事情——但它們所真正描述的，往往正是人類行為的基本模式。就算是一則講述特定事件的個別神話，其中也自然包含了普世性質的人類經驗。這些在神話裡一再引述的模式，就跟你闡發潛意識並與之相連結的模式一模一樣。我們會運用這些神話模式跟自己人生全面觀照、相互連結，為自己選定視角，探索自己的人生意義。

神話所說的似乎都是久遠過去的故事，但我們的現代生活其實也有許多神話和傳奇故事。從平日可見的電視肥皂劇到席捲全球的強檔電影，那些人類基本行為的神話基礎一直都在我們身邊屢見不鮮。從簡單的童話故事到複雜的亞瑟王傳奇史詩（Arthurian epics），我們大量運用講述故事的文化手段，把這些人類行為模式含括進自己的故事裡。那些行為模式是我們難以靠理性得知的，但個人的神話就能幫助我們自然的理解，鼓勵我們跨越已知的領域，走向未知的世界。

在科學教條思想和組織性宗教日益茁壯的現代，我們跟個人神話也更為斷裂。然而，正如我們所做的夢一樣，我們的神話就是一種創造性的作品，讓我們得超越理性思維的侷限，讓我們可以盡情盡興發揮想像力。當我們瞭解到神話雖然不是真實事件，卻是描述行為的模板時，我們就可以運用它們來支持和探索我們的想像力。我們每個人的夢都跟集體神話一樣，具有相同的功能，而它在祕密和個人的層次上都可以幫助我們真正認識個人故事的豐富和複雜。

當你瞭解自己的個人神話之後，你就更能理解自己在日常生活的各種戲碼中所扮演的不同角色和身分。當你歷經生命，展開自我追求的時候，你的神話會讓你知道自己置身何處，又該何去何從。作為一個人，擁有神話式的生命就跟你的肉體生命一樣重要，因為在你日常生活中許多肉眼看不到的遵循框架，正是來自這些個人的神話。我們每一個人的夢，就是自己的神話，而我們的神話正是人類集體的夢。

夢的心理學
DREAM PSYCHOLOGY

　　當我們探索夢的時候，很容易太過專注於夢境本身，而忽略了那個做夢的人。要解開夢的真正意義及其中訊息，從瞭解做夢的人及其潛在行為模式入手，具有驚人的效力。心理學就是研究人類行為的學問，並且能夠超越純粹意識和生理表現，更深入探索人類是什麼。儘管心理學的研究相當複雜，也存在著許多明顯的矛盾衝突，但探究其中，心理學的基礎不外是要回答你是誰、你需要什麼、你相信什麼。

　　「你是誰」這個問題，通常可以從你在夢中創造的人物是何身分揭示答案。從心理學的角度而言，身分永遠跟行動有關，因此你越能瞭解自己的特質，就越容易在現實生活中達成自己的目標。跟那些在夢中創造的人物一樣，你的夢同時反映出你必須做出的一些重要選擇。那些跟身分有關的夢境往往也會出現建築物，這代表你和其他人之間存在著障礙和阻礙，也象徵你個人的界限。當你認知到自己的多重身分之後，通常就會比較容易做出正確決定，知道要採取哪些行動比較好。

　　你所需要的東西，通常會從那些在你夢中似乎是最珍貴、最重要的事物表現出來。你的需求通常就反映在你認為最有價值的事物上，因此在夢中最吸引你的事物，也通常就是你在日常生活中最看重的東西。揭示你需求的夢境，通常是以發現寶藏或遺失貴重物品來呈現。諸如在夢中創造某些事物或想要擺脫某些東西，也常常是在反映你的需求，另外像是追求愛情、親密和欲望的夢境，也是在表達你自己的需求。如果在夢中充

滿驚奇或意想不到的突破，也可能是在揭示你的真正需求。

　　你所相信的是什麼，主要是根據你檢視某個狀況時所採取的特定觀點。當你的潛意識搜尋自我身分，受到那些自己看重的事物所吸引時，你就會發現自己能夠從各種不同的觀點中選取自己的看法。那些表達出自我信念的夢境，通常跟透過某種方式來溝通，或者無法暢所欲言的說出自己想說的話有關。如果是在夢中尋找某樣東西卻永遠找不到，也可能是一個述說自己信念的夢。如果是四處尋找某些可能性的夢境，也是跟你所相信的事物有關，此外那些帶有神祕感或超自然現象的夢境，也是如此。

　　在我們要討論的一百種夢境裡，你會看到那些在我們創造夢中故事時，一再重複出現的人類心理基本模式。瞭解這些基本主題，可以讓你更明白自己的身分，知道自己需要什麼、相信什麼。你越明白自己是誰，知道自己要什麼、相信什麼，你就越能做出決策，創造自我價值，也更容易表達自我。你的夢並不只是一些抽象的心理理論，而是生動活潑而富含義義的故事，只要你願意進入其中，就能瞭解它們的真正含義。

100個最常見的夢
THE TOP 100 DREAMS

0I

遭到追逐或驅趕

夢境

你發現自己被某人或什麼東西追逐，你認為他們會以某種方式傷害你。追趕你的可能是好幾個人，也可能是動物或怪物。你一直跑，想要躲開他們，希望不要被那些人或東西追上。你似乎一直感受到某種攻擊或傷害的威脅，**但是不管你跑得有多快，似乎都沒辦法找到一個安全而受到保護的地方**。要擺脫那些追趕你的人或東西似乎是不可能的，隨著你的奔跑，你越來越感到焦慮和不安。

- - -

意義

雖然在現實生活中，你通常會覺得要擺脫什麼人的追趕很容易，但在夢裡你就是擺脫不了。不管你跑了多遠，或者多麼善於躲藏，他們永遠都會找到你。其實這是因為那些追逐你的東西，正是你自己的某個面向，因此不管你跑到哪裡去，它們都會如影隨形跟著你。你行為的這個特定面向，是在日常生活中的某些特定情境下才會表現出來，**通常是碰上特定事件或某些對象才會被觸發**。但是追趕你的並不是那件事或那些人，而是你對於那些人或那個情境的看法和理解，那些對你緊追不捨的東西正是反映出你自己個性上的某些特點。

　　夢中追趕者以什麼形式出現，將會表明它到底是你自己的哪個面向。如果是被動物追趕，表示這是一種**本能衝動**，是在日常生活中你很難容許或控制的本能衝動。如果是怪物在追趕你，它代表你所擁有的某種**不成熟但力量強大的才能**，可是你又覺得要開展這項才能，使它變得更完善是相當困難的。如果是一個男人、女人或一群人在追趕你的話，表示你有機會發揮某項才能，

但又想在**展示能力的同時躲避某些責任**。雖然這些追趕你的人或東西似乎相當嚇人，但他們其實是讓你注意到，你自己在實現追求的過程中尚未發揮的力量和才能。

從這個夢向前延伸，會跟那些你在日常生活中想要獲取進展時，會讓你感到緊張的事物有關係。通常牽涉到你或許必須離開自己的舒適區，採取自信而果斷的行動來解決那些狀況，才能取得進展。外表上看來，似乎什麼都不要做會更容易，也會讓你覺得更輕鬆，**但是不採取行動通常只會更糟，帶來更多壓力和緊張**。只有面對問題才會讓你不再感到無助，才能讓你獲得信心，可以把結果導向對你有利的方向。屆時你將不再是被追趕的人，而是成為一個追求者，追求自己選擇的機會。

在我們的現代社會中，仍然會反映出一些石器時代狩獵和採集活動的行為模式。在古老的彼時，我們不是在追逐什麼，就是在躲避某些東西追逐我們。我們追逐動物是為了要吃牠們，而躲避追逐則是避免被牠們吃掉。儘管在現代社會中，我們追逐的機會已經不像過去那麼危險，**但我們還是把那些深具意義的活動稱為「追求」**。我們所追求的目標，即是我們所有的希望和抱負的基礎，當我們睡覺時，它會在我們的夢中清楚的表達出來，而在我們清醒時的日常生活中，這也是我們的夢所清楚展現的。

02 TEETH FALLING OUT
牙齒脫落

夢境

原本什麼事都沒有。突然間，你發現自己的牙齒有點鬆動，然後開始從牙齦上脫落。你感到很緊張，希望其他牙齒不要出事才好，但後來它們也開始搖晃。最後你可能會從嘴裡吐出牙齒來，滿嘴的鮮血，或者發現牙齒都碎了。你也可能照了鏡子才發現自己的牙齒蛀得很厲害，或者看到自己長出像野獸或吸血鬼的獠牙。

- - -

意義

夢見你的牙齒，跟日常生活中你對自己的自信和能力觀感有關。我們在微笑和咬東西的時候才會露出牙齒，因此它們常常是反映出你所感到的自信和決斷。失去牙齒代表某樣事情或東西正讓你面臨挑戰，讓你喪失自信心，覺得自己沒有能力處理好。正如牙齒會一顆一顆的掉落，**你在日常生活中的某個領域受到打擊之後，可能在其他方面也會跟著出問題**。當你的自信開始動搖的時候，你會發現此時最好閉嘴，不要幫自己說話會來得容易點。

　　牙齒碎裂表示你正在喪失自信，因為你無力維持自己的尊嚴；如果發現自己的牙齒蛀掉，表示自己覺得權力正在消退。發現自己牙齒上的填補物鬆脫，表示自己不再像以前一樣信心滿滿；牙槽出血表示**某個親密關係正陷於緊張，讓你覺得自尊受損，降低你的自我價值感**。如果夢見自己戴著牙箍矯正牙齒，表示你正利用外在支援維持自信心。閃閃發亮的牙貼面（veneer）和牙套表示你正刻意展現自己的力量。像吸血鬼般的長牙和獠牙，表示你可能正依靠別人的能量和熱情以提升自信。

- - -

行動

這個夢的訊息是：不管你現在在日常生活中碰上什麼狀況，遇到什麼挑戰，都**應該對自己更有信心**。儘管面對橫逆時，你可能感到力不從心，但是你只要以更具自信的態度來採取行動，就能改變情勢的消長。只要你展現出更多的自信，就更可能克服這道難關。不要因為那些未知或不確定的事物而感到軟弱無能，它們就是挑戰，端看你能不能咬下來。

- - -

背景

大家在小時候都有乳牙脫落的經驗。而在那段換牙的年紀中，通常也是我們**跟其他人爭取自己權力和塑造自我身分**的時候。不過，就跟所有人一樣，似乎是父母或老師們才擁有所有的權力，而孩童則處於相對弱勢之中。這種情況常常導致孩子喪失自信，所以當我們長大成人之後，一旦再次感到自信不足時，常常就會夢到牙齒脫落。

03

找不到廁所

夢
境

你很急，想上廁所，又急又慌的想要找到廁所。可是你只能在一個陌生的地方，找到一間沒有隱密性的廁所，它可能沒有隔間，或者門無法上鎖。或者你急著想上廁所，卻發現需要在長長的人龍中排隊。找到廁所或輪到你之後，你發現那兒非常骯髒，很噁心，馬桶完全堵塞，地上都是可疑的液體，或者根本就是禁止使用。你擔心弄髒自己的鞋子，廁所裡也沒有衛生紙，或者讓你洗手的設備。

- - -

意
義

在日常生活裡，廁所是排泄的地方，把那些對我們身體不健康或維持生命不需要的東西排除出去。因此這種忙著找廁所的夢，表示你在日常生活碰上某些狀況，你認為它們對你不健康，讓你不舒服，但你又不知道怎麼排除它們。這種夢**通常跟你的個人需求有關係，暗示著你能否把自己的需求告訴他人**。找尋廁所，代表你正在尋找某種方法，讓他人明白你的需求。而那些需求可能是你不常有的，感覺相當陌生，因此你格外注意<u>保持隱密</u>，希望能夠不張揚而隱匿的解決這個狀況，因此你也不能公然的表現出自己很需要什麼的樣子。如果是排隊等著上廁所，代表你即使是在迫切需求之下，還是先考慮到別人的情況。

你心裡很擔心，萬一宣揚你的需求，可能會帶來更混亂的狀況。因為你覺得自己沒有多少辦法可供抉擇，也沒有足夠空間可資操控，這讓你難以把自己的看法或狀況講出來。你還擔心這件事會讓你的情緒變得很糟，讓你非常傷心，或者害怕自己請求他人幫忙卻被拒絕。你小心翼翼的不要弄髒鞋子，代表你在情感層

面上太過謹慎，害怕到了最後情況不知道會變成怎樣。有時候你真想一吐為快，把事情都說出來，然後把手洗乾淨，別再跟這件事情沾染上任何關係，但你似乎也辦不到。

- - -

行｜動

在日常生活中，你時常希望別人可以滿足你的需求，但最後卻是他們把問題丟給你。要解決這個狀況最好的辦法，就是把你的需求置於他人需求之前，而且**要適時的學會說「不」**。如此一來，你可以在自己和他人之間建立一道堅定的界限，你才有餘裕照顧自己的需求。雖然這麼做可能看來很自私，然而當你能夠**先照顧好自己的需求，你才能更順心的去照料他人的需求。**

- - -

背｜景

幼兒時期的如廁訓練，學會控制自己身體的基本活動，就是我們最初**學習控制自身需求的經驗**，也就是在這個時候，我們第一次明白社會義務優先於自己的生理需求和生理功能。在這個訓練的過程當中，我們會瞭解到，如果不能適切的表達自己的需求，可能會讓情況變得非常骯髒或非常糟糕，也會讓自己感到非常羞恥。儘管我們在小時候就已經學會控制自己的生理需求，但我們成人之後在控制自己的情感需求上仍然會覺得相當困難，因此它偶爾就會喚起相同的脆弱和尷尬的感覺。

04 | NAKED IN PUBLIC
當眾赤裸

夢 ↓ 境

你很驚訝的發現，自己在公共場所竟然完全沒穿衣服！你慌亂的想遮住自己的身體，急切的想找到什麼東西可以讓你躲起來。當你身邊的人都穿著衣服，但即使**你覺得非常尷尬，那些人似乎都沒注意到你沒穿衣服**。讓你在意的不是沒穿衣服會冷，或任何其他的生理不適感，而是你不知道別人對於你赤身露體會有什麼看法。或者，你也不是完全赤裸，但在某個重要部位的衣服卻少了一塊，大家都看得見你身體的那個部位。或者，你只是下半身沒穿，或只穿著外套，裡頭卻是空的。

- - -

意 ↓ 義

當你夢見自己當眾赤裸，表示你在日常生活中遇到某些狀況，讓你覺得自己很脆弱，暴露出什麼弱點，或置身於某種危險之中。當我們進入一個陌生的情境裡，例如：剛開始新工作，或發展一段新關係時，可能會因為對自己的能力沒信心，而做了這樣的夢來。**我們穿著的衣服，就是你樂意向世界展現的自我形象，衣服就是我們的保護屏障**，讓我們在跟他人打交道時能夠藉以隱藏真實自我。儘管你對自己是樂於完全公開的，但對於生活中某些更為私密的部分如果絲毫不加遮掩，你還是會感到不舒服。

儘管你運用任何可能的手段來隱藏自己的不適感，似乎也沒人注意到你覺得不愉快，因為你這時候還是能夠表現出安全和自信的樣子，而不是你自以為的脆弱或暴露在危險之中。如果你一直很**在意自己的表現過於脆弱**，在真實生活中的待人接物或許就會顯得太過冷淡，而且隱藏自己的真正感受也可能讓他人感覺不適。如果是你衣服上缺了重要的一塊，這表示你對自己還挺有信

心的，只是你覺得自己的**盔甲上好像有個縫隙**。然而，你越是把自己覆蓋得嚴嚴實實的，你就越難以展現出自己的獨特天賦或才華。在我們生命之中的很多情況下，唯一能夠表達自我的方式就是全然的公開，以真正的自我來展現自己。

這個夢是在幫你發現自己想要表現才能的需求。隱藏自己的能力，不必接受他人的評判，就比較不會受到批評，這麼做雖然很安全，卻會讓你感到挫折和失望。選擇隱藏自己的才華，可能會在別人有所期待時，才加以展現，這種表現方式或許不是真正適合你的方式。因此，你越是公開的向他人展現自己的才華和能力，你就越能**發現自己的獨特性**。

在我們生命的內、外之間，**皮膚形成一道清晰可見的界限**，當這個界限欠缺防守時，我們就會感到脆弱，容易受傷。當我們看著他人如何處置遭到批評、責難時，我們常說某人「皮很厚」，某人「臉皮很薄」。如今在許多文化裡，當眾暴露身體似乎不再像過去那麼不能被人接受，我們身邊就可以看到許多赤裸的圖像，傳播媒體上也常常看到穿著暴露的人。不過，就算有些人自願當眾暴露身體，他們也常常利用紋身來表明自己的身分，同時作為屏障物以保護自己的脆弱。

05

參加考試卻沒準備

夢↘境

你進了試場，參加一場重要的正式考試，才驚覺自己根本都沒有準備。你早就知道有這場考試，也有充分時間讓你用功復習，但是因為某些原因你完全沒有準備，如今則是**為時已晚，想再做什麼都太遲了**。你對自己真的很失望，你知道這是非常重要的測驗，如果成績不佳會有很糟糕的影響。這場考試顯然是搞砸了，那些你真正想追求的抱負也都將化為烏有。

- - -

意↘義

夢見考試沒做準備，通常是表示**你在真實生活中檢視自己的表現太過嚴苛**。你在日常生活中為自己的表現設定了一些標準，你認為達到這些標準才能真正的獲得他人的認可和嘉許。你覺得自己如果不能勉力達成這些目標的話，從某些方面來說就算是失敗了。雖然它看起來像是某種外在機構所設置的考試，是否**及格的標準其實完全操諸在你**。你覺得自己還沒準備好來接受這個自我測驗，是因為自我認知的深度還沒達到自己要求的程度。

你在日常生活中事事都不敢冒險，希望以最安全的方式來進行，這種措手不及、毫無準備的感覺就會經常出現。對於任何必須執行的任務，不管是大型計畫或是瑣碎小事，你通常都會一絲不苟的小心準備。這種心態可能讓你對於成績表現有過多的期待，因此一直伴隨著某種焦慮感，害怕最後會把事情搞砸。雖然這種緊張感會敦促你前進，讓你一直可以達到眾人稱羨的成功，但也可能會讓你因此忽略一些對你來說是更為基本的需求。**成功的真正標準並非你能力的高低**，而在於你能否明白什麼才能讓你擁有快樂而充實的生活。

- - -

行動

要從這個夢繼續向前進的最好方式是：好好思考一下那些讓**你在生活中感到最快樂、最滿足的事物是什麼**，而你是否能夠做到，讓你真正獲得快樂和充實。這通常是一些自動自發又能讓你覺得快樂的事物，不需要你不休不眠的做準備就能得到。對自己太過嚴苛，你會一直覺得自己是個失敗者，不管在真正的生活中你表現得有多麼優秀，獲得多少成功。不要陷溺在無休無止的自我檢驗裡，自我的真正試煉在於能不能透過你的知識和成就，來認可自己的才華，而不是一再評判自己的能力。

- - -

背景

考試是根據**別人的期望**來評判自己，它在夢中反映的是，如何根據自己的期望而來判斷自我。儘管在學術領域上的考試已經存在幾千年，事實上這是由部落儀式和挑戰演化而來。遠古部落要求族人必須通過某種入門儀式的考驗，達到特定程度的表現，才會被整個部落接受。獲得他人的接受和認可雖然很重要，但更重要的是要接受自己的才華，承認自己的成就。

06 | FLYiNG
飛翔

夢境

飛翔的夢通常是從漂浮的感覺開始，你意識到重力不再拉得住你，於是你騰空而上，開始在空中飛翔。**你只要動念想到哪兒去，自然就會飛向那裡，對此你感到巨大的歡喜。**有時候你只是單獨飛翔，就像個超人一樣，或者你也可能夢到自己正在搭乘飛機或其他什麼不尋常的飛行工具。在某些飛行的夢裡，你可能覺得自己是個乘客，但如果自己控制飛行方向，會讓你感覺最為自由和解放。

- - -

意義

當你夢見飛翔時，你感覺似乎是從日常生活中的限制和義務解脫出來。那些跟我們的義務有關的詞彙，有許多都採用重量的喻義，我們會說「狀況的嚴重性」、「鄭重決定」，當我們卸下重大責任時，感到「無事一身輕」。飛行的夢就反映這種解放感，表示你已經<u>從某個讓你喘不過氣來的狀況中解脫</u>。卸除重擔後，你就可以自由的做出選擇，不再受到任何限制的採取行動，讓你「自由得像隻小鳥」，廣闊天地任你翱翔。

在創作過程之中，也常常跟選擇的自由有關聯，也許你的獨特才能已經超越了實用層面，<u>不該受到傳統或既定程序的限制</u>，這時你已經把境界拉高到他人難以企及的高度。如果你發現自己飛不起來，或者有什麼障礙讓你無法起飛，通常表示現實生活中某些事物讓你受到牽絆。如果你是駕駛某種不尋常的工具飛行，表示你具有某種獨特技能，如果可以發揮出來即可帶來莫大的**解放感**。如果夢見自己是位乘客，表示在當前情況中，你雖然享有一些自由，但還不到隨心所欲的程度。

- - -

行動

這個夢反映出你在現實生活中正試著擺脫限制，讓自己獲得解放，而覺得比以前更自由。儘管你可能以為這種解放感只是好運或純屬巧合，但這通常是因為你想辦法為自己創造了某種機會才獲得的。此時值得再多多考慮一些其他的機會，**冒點風險，這會讓你得以進入一些可能的新領域**。要在做夢之後維持那份飛翔感，你要避免陷於毫無根據的空想或幻想，確保自己擁有一個堅實的平台來推展自己的想法，讓它們能在一個安全而適宜的地方著陸。

- - -

背景

雖然人類在二十世紀初才開始能夠進行動力飛行，但是我們的想像力翱翔於藍天之上已達數萬年之久。我們不靠鏡子就看不到自己的頭頂，其實我們可以感覺到自己的頭頂，飄升想像力上接天際，和那片藍天相互連結。**天空足以作為人類想像力的代表**，這是我們力量最強大的天賦。在各種文化中，大多數的宗教和神話裡，能夠支配天空的通常就是最有力量的神祇。

07 | FALLiNG
跌倒

睡夢中的跌倒感覺，通常似乎都在**毫無預兆**之下就突然發生。往往是感到一切正常，凡事都在控制之下，但你突然一個踉蹌就跌倒了。有的只是踢到小石頭，或踩進小洞腳拐了一下，但有的則是從樓梯滾下去、**墜落懸崖**或掉進深淵，似乎無法制止自己的墜落，似乎摔落地面才突然感覺停止。

- - -

跌倒的夢通常跟現實生活中察覺某些事情失敗有關，通常是你在某個特定狀況下，突然意識到自己無法完全控制結果而引發的。你可能預先為自己預期的結果設定了很高的標準，覺得自己如果不能達到的話，就算是失敗了。這可能讓你大受打擊，認為自己不但讓眾人失望，你自己也很失望。不過，你**偶爾也需要卸除自己的某些責任**，而夢中這種跌倒或墜落的感覺即來自現實中必要的放手。當你懂得放手以後，才能得到自由，繼續前進。

入睡之後，你才能從自覺的意識中釋放出來，讓你的身體得以放鬆來恢復機能，同時你才可以獲得做夢的機會。你夢到跌倒，通常是因為**你的身體正處於放鬆狀態，你正在釋放那些累積在肌肉之中的緊張**。如果只是踢到一個小障礙，例如路邊的小石塊，通常是在釋放一些日常生活中比較輕微的緊張。萬一是那種聲勢浩大的墜落，表示你需要卸除某些拖住你，讓你無法前進的重大責任。掉落到地面，表示你需要採取某些更實際或更平實的辦法，在你踏出步伐之前，要先站穩腳跟。

- - -

行 動

這個夢常常是因為累積的壓力和緊張所觸發，因此是鼓勵你在日常生活的某些領域中採取較為寬容的態度。**睡前做一些放鬆身體的活動，就可以消除大部分的肌肉緊張。**我們害怕失敗的時候通常就會累積肌肉緊張，彷彿一整天都繃得緊緊的，才好承受衝擊。**緊張的時候往往就注意不到好機會**，無法利用它們來扭轉局勢。你越是能讓自己放鬆下來，就越可能帶來滿意的結果。

- - -

背 景

進入睡眠狀態，我們常說「陷於昏睡」，因此陷落、掉落、放手都跟放鬆有些關聯。當我們的身體對抗重力的大肌肉放鬆時，例如：背部、腿部和手部，我們的身體就會跟床更為貼合。這些肌肉釋放緊張時，常常伴隨著某些輕微的抽搐，叫做「臨睡抽搐」（hypnic jerk）。當我們正在入睡邊緣或已經睡著時，常常會有掉落的感覺。在英文裡，「掉落」（falling）常常跟失敗的意思連結在一起，例如：「遭到拋棄、棄置不顧」（being let go）；「失去恩寵」（falling from grace）。

08

交通工具失控

夢境

你夢見自己搭乘或駕駛的交通工具似乎已經失控。通常就是汽車，但也有可能是任何動力交通工具。**無論你多麼小心謹慎，那台交通工具似乎就是不聽操控**，不願去你想去的地方，還常常失控旋轉，驚險萬分。你拚命減慢速度，想讓它停下來，害怕會撞到什麼而損壞汽車，或者讓你跟乘客受到傷害。或者，你發現自己正開下山路，驚慌的猛踩煞車，卻發現沒什麼用或根本煞不住。

- - -

意義

夢到交通工具，表示你在生活上正在思考一些路徑，通常就是**職業生涯的方向**，希望自己在專業領域上可以得到更多進展。在夢裡最常見的交通工具就是汽車，象徵你的個人動機和野心。大型交通工具，例如火車或公車，通常代表團隊或組織，你可能就是其中的一部分。儘管你有個大計畫想要付諸實踐，卻又不知道該從哪個方向著手。整個狀況好像就快失控了，**你越是用力，一切似乎就離你越遠**。

　　夢見即將撞車，表示你正要碰到某些難以避免的事情，甚至會發生碰撞。如果發現自己的車子正在倒退，特別是倒退滑下坡道，表示你可能想扭轉某件已經決定的事情，或者對於某些承諾感到後悔而想撤回。煞車失靈，代表你跟某些人的衝突大概是不可避免了。對於身陷其中的這些狀況，你很想加以擺脫，也很擔心是否掙脫不了。儘管你覺得退讓或撤退才是解決這些緊張最好的辦法，但你如果想繼續前進的話，就只能面對橫亙眼前的挑戰，重新掌握局勢。

- - -

你不該放棄現有的位置，而是該仔細考慮那些你可以控制的領域。那些你能夠操控的領域，有些或許不是那麼明顯，裡頭有些人可能也需要你去影響他們，而非直接控制他們的行為。如果有人可以幫助你掌控情勢，讓你可以堅定的操控方向盤，就不要怯於尋求他們的幫助。要承認某些狀況是你難以控制的，也許是令你相當**難以接受**的領悟，但是如果你越想控制那些不確定的事物，你可能就越感覺到情況失控。

- - -

當我們學習駕駛車輛時，常常會碰到一些讓你完全不知該如何是好的情況。當車輛對我們的操控毫無反應時，它就像是自有想法似的。你個人對於交通上的安排，通常會跟你想去哪兒有關，跟真實生活的比對，就是我們想要完成什麼，達到什麼目標，因此我們常說某某事物是「我完成野心的工具」，或者什麼事情是「通往成功的道路」。我們也常常把做某些事的動機說成「驅動力」（drives），或者形容某些人朝向特定目標前進是多麼「急迫」（driven，譯按：drives跟drvien都與drive〔駕駛〕這個字有關）。

09

找到沒使用的房間

夢↓境

你在自己的房子走動，突然發現以前不曾看過的一道門。**儘管你在這幢房子已經居住多年，卻從來不曾打開過這麼一道門**。但是這道門又讓你覺得很熟悉，這真是奇怪，你打開這道門的時候感到既害怕又興奮。然後你驚訝的發現，那是你完全忘記的房間。有時候，那個房間所處的位置，從建築上來說根本是不可能存在的，或者那道門打開之後，出現了很多個房間，或者讓你發現裡頭是另一個更大建築物的一部分。

- - -

意↙義

你夢到的自己的房子，通常就代表你自己，而那些房間就是你個性上的不同面向。那些房門是你在現實生活中展示的不同面向或特點。在夢裡發現過去被忽略的房間，代表**你在現實生活中可能碰到一些令你興奮的新可能**。開門後的房間讓你感到非常熟悉，表示那可能是你過去非常熱衷的某樣才能或技藝，但你早就棄之不顧很久了。之前不知道是因為什麼原因，你不得不關閉那道機會的大門，甚至根本就忘掉那些事，但現在機會來了，你可以<u>重新拾回這些潛能</u>。

這種夢通常發生在你日常生活中出現某些新空間或餘裕，讓你可以重溫一些過去熱愛的事物。那個房間的大小，反映出這個新機會有多大，這個過去被你忽略的房間常常可能會延伸到遠方，或者裡頭還有包含著許多房間，這表示你探索那個可能性之後，將會繼續發現其他一些讓你興奮的事物，這都是你目前難以想望的好機會。房間裡有些什麼東西，將會反映出那些被你棄之不顧的才能或熱愛事物的本質為何。它們可能蒙上灰塵，也可能

已經生鏽，但仍是完好無缺，正等待你再次使用。

行　動

儘管對於自己的成就和限制，你認為自己知道得很清楚，但你還是有些才能或技藝是你自己沒發現的。探索這些才能的機會，往往是在出其不意之中出現。正如任何一個房間一樣，你要花點時間才知道該怎麼布置、安排，當你要利用那個房間所代表的才能來完成自己的抱負，你也要花點時間才能知道最好該怎麼做。**你要勇於嘗試那個機會，不要拒絕或排斥任何你所創造出來的可能**。當你開始探索某項才能，你會因為運用某種獨特能力，而發現更多其他機會。

背　景

我們學習的主要手段之一，就是透過類比。而**我們最早運用的類比之一，就是把我們的房子看成是我們自己**。房子區隔內外，正如我們的生活也可以區分為內在和外在。房子裡最講究的就是空間大小，而它擁有多少個房間正足以反映出它的價值。正如同房子可以擴建以提供更多空間，我們越是拓展自己的能力，就能找到更多塑造性格的珍貴機會。

IO

遲到

夢↓境

你本來以為自己有充足時間可以赴約，突然發現現在已經很晚了。 你看著時鐘，匆匆忙忙的準備，不明白原本那麼多的時間都到哪兒去了。當你趕著要去約會地點時，卻一再的碰到障礙和干擾，讓你非常沮喪。為了應付這些挫折，你驚慌的發現又浪費了更多寶貴的時間。你開始覺得你的時間似乎不是你自己的，而你**永遠也無法到達你想去的地方。**

- - -

意↓義

你夢見遲到，表示你在日常生活中可能覺得自己正失去某種機會，因此無法達成某些目標或完成某些事情。在夢中訂下的約會或期限，通常代表你在日常生活中設定要完成特定目標的行程和時間表，例如：準備建立自己的家庭，或取得某項專業資格認證。雖然你很想完成這個目標，但你意識到自己的時間正漸漸流失。在夢裡望著時鐘，表示你的生活中要同時照顧許多活動，但你開始<u>覺得這些事情都不能讓你獲得進展</u>。儘管你可能以為自己相當努力，但其實只是在敷衍了事。

　　你越是急著達成目標，似乎機會就越是流失。你可能嘗試了許多不同的方法，卻發現**無一奏效**，都無法讓你達到目標，這讓你非常沮喪，也使你備受困擾。這些情況都表示，你在日常生活裡可能一直在迴避某些決定，不願意對某些特定事務做出承諾，不願下定決心去進行。對於這個重要決定，你越是拖延不面對，你就浪費越多時間。**當你真正下定決心，採取果斷的行動，也就開始為它的結果承擔起責任。** 你越能下定決心來採取行動，就能獲得越多的時間以確保你的成功，而不再只是眼巴巴的望著時光

流逝的時鐘。

. . .

這個夢所帶來的及時訊息是：要你下定決心採取那些有意義的行動，而不是窮忙、瞎忙，做那些毫無意義的舉動。在你痛下決心做出承諾之前，都是在徬徨猶豫，毫無效率的浪費時間而已。只要你**斷然採取明確行動，就會發現許多可以助你完成目標的機會浮現出來**。一旦做出決定之後，你的方向就清楚了，你也可以利用自己的時間行程來好好做計畫。你的時間掌握在自己手中，不再受到那些一時興起的奇思幻想所干擾。

. . .

雖然我們懂得運用日曆和時鐘來測量時間是比較晚近的發展，但早在史前時代，人類就會利用某些節奏來安排自己的生活。**根據太陽和月亮的週期**，人類觀察到一些自然事件的發展，然後**運用這些知識來安排某些行動最恰當的時機**。在忙碌的現代世界裡，時間已然成為我們最寶貴的商品，而且似乎永遠都不夠用。因此，我們越是能採取有效的行動，就越能為自己爭取到最重要的時間。

II

尋找事物

夢境

在這個夢裡，你一直在尋找某個東西，但你又不是很確定自己想要找什麼。你可能是在自己家裡到處找，搜尋各個不同的房間、櫥櫃，或者在自家花園，或者在街上尋找。你也可能是在辦公室或工廠尋找，或者正開著車子四處繞、四處找。更遠一點的話，說不定你還會搭著火車到他鄉異地，甚至搭著飛機找到國外去了。但**不管你找得多麼努力、多麼用心，似乎都找不到自己想要尋找的東西。**

- - -

意義

要是夢到自己在找什麼東西，通常就是希望自己在日常生活中能獲得更深刻的成就感。而不知道自己正在找什麼，反映出你在日常生活中也不知道什麼事情可以讓你更有滿足感。如果夢見在家裡尋找，表示你想搜索自我性格中那些隱藏的面向，讓自己更為完整。儘管你明白自己有些潛能閉鎖於內在，但你還不知道該怎麼把它們發揮出來。你所打開的每一道門，開啟的每一座櫥櫃，都希望能從中發現自己的某一個部分。

如果是在屋外的花園或街道上尋找，那麼你想要的是更大的成就和滿足，希望獲得自己社交圈的認可和賞識。在辦公室或工廠尋找，表示你想在事業上獲取更大的成就。如果是開車在路上找，或是在車站、機場，那麼你要尋找的是職業生涯上更大的滿足感。在這些狀況之中，你真正要尋找的是你生活的真正目標。對此，**與其在外搜尋，不如從自己的內在層面探索**。探索自己的基本需求和動機，一定可以幫你發現自己更為深刻的目標。

- - -

這個夢的訊息是：**你想找到生命中讓你感覺最快樂、最滿足的事情**。但是你自己還不明白什麼事物讓你感到最滿足，因此你大概只是希望能在偶然的機會中發現答案。這個答案不必要你四處奔波、不停尋找，其實你若平靜自省比較容易找到它，因為這個**答案已經在你內心之中**。你可以問問自己，此生最想要的是什麼，然後靜靜的等待答案出現。

- - -

人類最善於利用時機，而我們之所以能在地球上成功的原因之一就是人類樂於探索未知領域，搜尋寶貴資源。儘管現代人的需求遠比狩獵和採集生活要複雜許多，但我們一直在找的都是可以讓我們展現價值、發揮才能的珍貴事物。我們在幼兒時期最早玩的幾種遊戲裡，就包含尋找，例如：躲貓貓和捉迷藏，我們故意把自己藏起來，然後跟玩伴一起享受尋找彼此的樂趣。

12

爬山

夢境

你夢到自己要去某個重要的地方,因此必須爬上陡峭的山坡才能到達目的地。攀爬途中,你發現坡度越來越陡,過程越來越艱辛。那條路越來越窄小、險峻,最後你可能**發現自己正費力的想要爬上險惡的懸崖**。當你攀著崇峻巨岩,努力想爬上去的時候,卻發現崖面鬆動甚至開始崩落。或者你也可能夢到自己正在爬樓梯,但那道樓梯不斷變得更陡峭。

- - -

意義

夢見爬山或爬坡,表示你在日常生活中正努力進行某些事情,試圖取得特定程度的成就。爬坡當然費力,你想更上一層樓當然也要做出決定,付出更多能量。在夢裡,路途的坡度常常會變得更陡,這是因為**你過去可能低估達成目標所需要的努力和資源**。坡度增加,也表示在你邁向目標的路途上,你必須面對學習曲線上升的狀況。你腳下的路徑變得更崎嶇,是指你**在日常生活中要找到著力點,維持前進動能**,也許會變得越來越具挑戰性。如果你前進的方向脫逸常軌而進入未知領域,那麼夢中反映出來的,就是路徑越來越小,甚至消失不見。

當你面對嚴酷現實,必須非常努力才能取得進展時,你在夢中通常就會碰到峭壁險阻。你在山壁崖面攀爬,表示你想要緊緊掌握狀況,但又害怕事情可能失控。你發現自己周圍的岩石鬆動搖晃,表示你覺得過去某些堅定支持似乎**搖搖欲墜**,讓你感到非常不安。夢到爬樓梯,表示你正在思考某種特定的職業路徑,希望維持穩定的進展或進步。夢到螺旋式樓梯,即使的確是往上攀爬,感覺卻是你只是在兜圈圈而已。

- - -

行動

這個夢要表達的訊息是：你可能需要採取一種更為穩定而有序的慎重步伐來達成願望，而不是短期全力衝刺，就想一蹴而及。你不該急著去進行眼前的任務，而是要**放慢步伐，調整節奏進行長期抗戰**，不管面對的挑戰是多麼陡峭都能腳踏實地。也許你必須**一次只跨出一步**，如果自己覺得不安全，也不要害怕尋求外界的幫助，讓別人引導你走到更高也更安全的地方。

- - -

背景

我們常常用跟「高度」有關的詞彙來形容成功，例如：我們常說「更高成就」、「崇高志向」。當我們此生第一次爬樓梯時，就必然明白爬坡比在平地行走更費力，所以我們才有「努力向上」、「強渡關山」這些說法。我們在描述更高成就時，也會使用「升級」、「達到更高水準」等說法。當你提升成就之後，往往也能從更好的角度獲得更開闊的視野。

I3 | UNEXPECTEDLY FALLING IN LOVE
意外墜入愛河

夢 ↓ 境

你很驚奇的發現自己置身於某個不尋常的愛戀關係之中，或意外的墜入愛河。這場戀情讓你感到非常訝異，因為**對方通常是你過去覺得不太吸引你的人**。可能是一起工作的同事，或者是你並不偏愛的性別對象。會讓你更感好奇的是，也許你發現自己竟然愛上某種沒有生命的物品。每當你看到那樣東西或對象，你的心就撲通、撲通跳得很厲害，或許還伴隨著一些罪惡感。

- - -

意 ↓ 義

當你夢到意外的墜入愛河時，通常表示**你開始發現自身個性上有某些非常珍貴的部分**。但是這種夢完全出乎意料之外，因此你可能也會感到有些不安，尤其是對那個你所選擇的愛戀對象。儘管你通常不應該會被那個對象所吸引，不過他可能具有某種讓你**非常嚮往**的人格特質，但這種欣賞一般也不會達到愛戀的程度。但你現在開始意識到自己有展現這種特質的潛力，對於這個可能性你感到非常興奮。這個<u>吸引力</u>或許就來自個性，但你還是很困惑為何會被這個特質所吸引。

　　如果你的感情對象帶有決定、展示志向或雄心的特質，這是代表你漸漸明白自己擁有做出某些選擇的權力，對於自己想在生活中真正達成的目標有更為清晰的想法。如果發現自己愛上性別偏好之外的對象，表示你對自己的女性或男性特質感到更自在而滿意。愛上某個物件，表示你正把跟那樣東西有關的特質帶到實際生活中。所有的這些狀況可能都是在反映出，其實**你愛上的正是自己設定的目標，還有你達成目標的潛力**。愛上自己特質的夢無關虛榮或自戀，而是表示你對於自己的能力和魅力越來越認同。

- - -

這個夢的訊息是：你出乎預期的更瞭解自己的潛能，對自己更有信心。但是這種對於自己的新認識，一開始的時候可能讓你相當困惑，甚至對你日常生活的例行事務產生干擾。這些困擾說不定會讓你不願意再繼續探索自我潛能，但其實這個訊息非常重要。你過去或許沒想到，但是**以開放的心胸接納更多可能性，對你發揮才能很重要**，你將因此能夠開始吸引你生活中所需要的人事物。

- - -

正如做夢一樣，我們通常也以為愛情是降臨在我們身上，而不是我們自己創造出來的。真愛顯得那麼珍重可貴，我們在文化上四處可以看到這種意外到來的浪漫情事，包括書籍、電影、戲劇、詩歌和歌曲，讓你以為所有人類故事都是愛情故事似的。這種對於真愛的不斷追尋，反映出我們作為**社會化動物的基本需求之一，就是愛與被愛**。「墜入愛河」的說法，代表我們越能夠放鬆自我，越不拘束自己，就越能接受自己，認可自己的獨特天賦。

I4

被鬼魅陰魂糾纏

夢境

你眼角瞥見一個模糊人影，雖說似曾相識，你卻又無法清楚的辨識出來。當你想看得更清楚時，才發現原來它們有點透明，這時你嚇壞了，才發現原來是鬼魂。你想要逃離它們，但那些東西似乎**如影隨形的跟著你，不管你做什麼都無法擺脫**。不管你看向何處，它們似乎無所不在，當你聽到什麼響聲或看到一些奇怪的影像，你就知道一定又是它們。

- - -

意義

你夢到被鬼纏上，表示你在日常生活中有某些過去是你想遺忘的。雖然那個**鬼魂並不是代表你**，但它反映出你的某些面向，那是你認為早已消逝或埋藏的事物。它可能是過去的某個習慣或記憶，如今又以某種方式重新出現。你在現實生活中可能想要忽視它，因為你覺得實在沒道理又看到這些事物發生，因此你夢見的鬼魂捉摸不定，而且是透明的。但是，不管你怎麼閃躲，那個鬼魂卻一直出現在身邊，因為**它其實就是你和你生活的一部分**。

這些習慣或記憶通常會以某種特定的行為模式出現在你的日常生活裡，而你越想忽視這些流連徘徊的熟悉行為，那些鬼魂就越是吸引你的注意。這些行為常常會讓你感到挫折或失望，因此它們耗費了你大量的時間和精力。然而，只要你勇於面對這些習慣模式，開始解決這些問題，就能釋放出許多創造能量。這些創造力可以幫助你把新想法灌注到生活之中，或者讓你過去久被忽視的天賦才能甦醒過來。這個天賦就是你的內在特質，不論你多麼想要刻意忽視，它永遠是你的一部分。

- - -

行
動

這個夢是要喚起你的注意：注意那些被你否認或拋棄的過去經驗。然而這個經驗其實對你目前的生活還是發生了影響，你必須願意去面對才能擺平它。這個過去的經驗已經鎖住你個性上某些珍貴的潛能，現在已經到了該正視它的時候，不該永遠將之視為禁忌。**你不能再被過去所控制，而是該拿回自己的天賦才能**，讓它再次屬於你。

- - -

背
景

人類的祖先探索死亡的奧祕，對於某些難以理解又不可捉摸的神祕現象，鬼魂成為一種解釋方式。幽魂鬼魅被視為是死者的亡靈，象徵我們非物質的部分。儘管在當代文化中，我們習於用理性解釋那些神祕現象，但人類仍然會受到鬼魂與神靈世界的奧祕所吸引。有許多人使用最新科技，努力想證明鬼魂的存在，很多受到歡迎的故事也都有鬼魂幽靈的角色或鬼屋。

I5

舊愛歸來

夢境

你驚訝的發現自己正在跟舊情人做愛。你不明白這一切是怎麼發生的，只感覺到既是內疚，又很興奮。你在夢裡試著跟情人進行理性討論，卻又**抗拒不了熱情興奮的誘惑，而跟他們一次又一次的共享貪歡**。不管你多麼努力想離開他們的懷抱，但又非常依戀那份親膩感覺。最後你雖然離開了，但那份得不到滿足的愛戀遺憾卻久久不散。

- - -

意義

你夢到跟舊情人做愛，表示你在日常生活中察覺到某些對你擁有最強烈影響的特質。這個夢不代表你想要重溫舊愛，而是把舊愛作為一種象徵，代表你開始察覺**內在的某些特質**。跟那個人做愛，表示你對於自身的這些特質已經有相當深入的瞭解。如果你在夢中覺得舊愛不可信賴或不真實，表示你不敢面對真相，而令自己感到失望。如果舊愛顯得熱情大方，表示你也發現到自己的熱情大方正受到鼓舞，而想把它們表現出來。

　　如果舊愛在夢中一再出現，是在警告你**不要將過去的關係模式套用在現在的愛戀對象上**，鼓勵你**趁早捨棄那些對你毫無幫助的行為模式**。你可能習於舊愛，才會一再的在當前的新關係裡上演舊模式。當你在日常生活中，開始進行一些創意新想法或計畫時，也可能夢到性事。跟生孩子有關的夢，代表你擁有一些創造新穎或獨特事物的靈感，你想實踐這些想法。不管你多麼想要忽略這些想法，你的夢都在敦促自己擁抱這個令你振奮的前景。

- - -

這個夢是要喚醒你更高層次的自我意識。你對自己越是瞭解，就越**明白自己想要什麼**，特別是你處身在親密關係的時候。這個夢會揭示你的基本身分和需求，你也將因此更加愛戀關係中性與愛的深刻真相。當你知道自己因何受到吸引時，才能在意識層面上做出決定，**知道如何追求你夢寐以求的愛戀對象**。

- - -

雖然我們通常會以為，親密關係是我們跟另一人的對應往來，其實在這個關係所揭示的事實中，有一個主要部分即在於自我認知的成長。我們越是向對方展現自我，暴露自己的弱點，我們就更明白自己勇於回歸自我。發展新關係和新戀情，通常就是自我認知最為強烈的時刻，因此當我們對自己有新的發現時，不管你是否置身於親密關係之中，都會讓你把那種深刻而激昂的感覺與愛戀關係所引發的結果畫上等號。

16

飛機失事

夢境

一架很大的噴射客機從天上直落而下,你覺得它一定是要墜毀了,真可怕!但這架飛機就在快要撞擊地面時,拉平了機身,貼著地面直飛,只是刮擦到一些房子或樹木而已。或者,它也可能真的墜毀在地面,機身碎裂成好幾塊,但你很驚訝的看到乘客從殘骸堆裡走出來,並未受傷。**在夢中的你可能是在地面看到這一切,也可能是在夢中的那架飛機上。**如果你是在飛機上,你可能也試著去操控飛機,引導它安全著陸。

- - -

意義

你夢見飛機失事,代表你正在擔心真實生活中某項你也參與的計畫或專案。**「天空」象徵著你的思維空間,而那架飛機代表你希望引導成功的計畫。**夢中的飛機越大,表示那項計畫的規模也越大,因此如果是夢見客機的話,代表你的計畫可能關係到許多人。雖然這項計畫規畫完善,理論上也完全沒有問題,但你的信心正急速減弱,擔心它會不會「砰」的一聲就墜毀了。這項計畫雖然可能最後結果不盡人意,不過如果降低到某個程度的話,倒是可以繼續下去。

　　飛機刮擦到樹木和房子,表示進行計畫的人發現起飛有困難,而且前方道路上有各種障礙需要處理。如果飛機真的撞擊地面而且碎裂,通常表示那項計畫大概要宣告結束了,也許它會被拆成幾個比較容易管理的小方案。乘客毫髮無傷的從飛機殘骸裡走出來,代表原先從事該項計畫的人現在可以自由投入其他機會了。如果你自己也坐在那架飛機上,**代表你個人也是積極參與該項計畫的一分子**,而不只是旁觀者而已。夢中操控飛機,表示你

有能力引導它走向成功的結果。

- - -

行｜動

這個夢所傳達的訊息是：**你要考慮跟自己有關的計畫或方案的來龍去脈**。儘管對於計畫案來說，大都是擔心它無法順利開始，不過任何飛行員都會告訴你，起飛其實是比較容易的事情。反而是要安全的降落，確保機上每一個人都安全無虞的下飛機，那才是困難的部分。對於計畫案，你不該胡思亂想，而應該要盡可能詳細的進行規畫。準備好應急措施是十分重要的，萬一發生不可預見的狀況，就可以派上用場。

- - -

背｜景

雖然飛機在人類歷史上僅是近代的發明，但我們的老祖宗早就夢想著拍動翅膀，翱翔藍天之上。這些夢後來也演變成神話，例如戴達羅斯（Daedalus）和伊卡魯斯（Icarus）穿上人造翅膀，飛翔在空中。在許多神話故事裡，人造翅膀最後終歸失敗而墜毀地面，反映出幻想與殘酷現實的對比。如今，我們已經把空中旅行視為平常，一些飛行用語也融入日常生活之中，例如：我們會說某項計畫「可以起飛」或者「正在等待起飛」。

17

孩子發生危險

夢境

你震驚的察覺自己的孩子身陷危境,而且你覺得這個狀況就是你造成的。你的孩子可能正面對著恐怖的危險,或即將捲入一樁可怕的事件之中。你可能忘了自己把他們留在何處,因此正**拚命的四處尋找,希望能在危險發生之前找到**。雖然你認為他們之前是在一個安全的地方,但你相信現在他們正面臨著致命危險。你不敢相信自己怎麼會這麼愚蠢,竟然讓他們離開你身邊。

‧ ‧ ‧

意義

當你夢到小孩的時候,通常表示你正在思考某些狀況或事業,而這些都是你在實際生活中非常關切的事情。我們很可能以為這種夢是一種預感,警告孩子可能會發生危險。其實在夢中,**孩子只是個象徵,代表一個你非常珍惜寶貴的想法,你希望利用某種方式來培養和發展**。如果夢中有好幾個小孩,代表你目前所密切涉及的狀況,擁有許多不同的成長機會。雖然對於這些機會,你可能會給予很多的鼓勵和關注,但你也覺得他們的存續正面臨一些危險。

因為你認為自己沒有給予執行計畫必要的時間和精力投入,因此你覺得自己的**希望可能無法實現**。你擔心自己的計畫案可能有提早結束的危險,或者因為沒人知道它對你有多麼重要而突然被取消。雖然你拚命的想振作起來,努力去實現自己的野心,卻發現自己力不從心,你的計畫案已經陷於危局。不過,你知道自己的計畫正遭受威脅之際,你還是可以運用自己的彈性和資源讓它們恢復生機。

‧ ‧ ‧

這個夢正積極喚起你：注意某個一直遭到忽視，卻是非常寶貴的個人稟賦。你也許希望你的想法能夠在不必太多投入的情況下，也可以繼續增長和發展，但事實上它需要你更多的照顧和關心，**你目前在這方面的投入可說是遠遠不及**。在這個計畫案可以獨立運作之前，高度的培育是必要的，此時此刻缺少你的全力支持，它很可能就活不下去。這個珍貴稟賦通常也是你內在童心的體現，反映出你擁有潛力創造一些新穎而令人振奮的事物。

- - -

尋找脫離保護而脆弱的孩子，是我們經驗中最為情緒化的狀況。**搶救孩子是一種當下的本能**，儘管會讓自己涉入危險也往往不計代價。孩子的哭聲警訊會穿透任何噪音干擾，我們會把他們的安全和福祉置於第一優先，尤其是面對自己的小孩時。不過我們的孩子如果顯然滿足而安全，就很容易被我們的當下意識所忽略，讓他們自己去遊玩和探索這個世界。

I8

公開表演

夢境

你獲得一個機會在大眾面前公開現場表演，可是似乎狀況連連，沒一樣順心如意的。音響設備好像出了問題，你拔下插頭又重新插上，用自己的耳朵一再的進行試音。等你開始表演的時候，可能發現自己忘詞了，或者說話、唱歌結結巴巴，前言不搭後語。觀眾開始變得焦躁不安，你覺得好沮喪，**你知道你原本可以表演得非常完美，可是所有的事情似乎聯合起來跟你唱反調。**

- - -

意義

夢到公開表演，反映出你想**讓更多人認識和肯定你的能力**，可能是你的創作天分，也可能是你工作中運用的專業技能。雖然你無疑具有了這些才藝或技能，卻發現很難獲得其他人的認可。你可能認為是因為周遭配合條件太差，才造成沒人認識你的才華，不過這主要是因為你在日常生活中發現很難獲得他人的讚賞。雖然你可能急著想得到大家的承認和接納，但這個情況又似乎使你顯得孤芳自賞或對他人的意見沒興趣。

　　你的淡漠態度可能導致自己和朋友、同事欠缺連繫的感覺，你可能常常會想利用一些技巧或工具，來為這個感覺做出彌補，而在進行的過程中，你只想躲在那些技術的後頭。**你跟外界欠缺連繫，也可能導致自己脫離真實感受，失去吐露真言的能力。**你可能無法從心底說出自己真正想說的話，而只想透過一種遙遠的方式發言。這也可能會讓你忘了真正的自我，搞不清楚自己真正要說什麼、想做什麼。其實，**最重要的觀眾就是你自己**，會做這個夢表示你對於自己欠缺認同，感到沮喪和不安。

- - -

這個夢的深刻理解是關於你能否接受自己展現出來的才能。你很容易就會想要獲得別人的接納和認可，但你若是認為自己很難承認或接受自己的稟賦，那麼要去爭取他人認同就非常不容易。**你越是給予他人讚賞，也就越可能接受和欣賞自己的才能**。你如果能夠更加自信，也更加慷慨的給予他人讚美，你就可以更放鬆的展現自己的獨特能力。

- - -

我們從小就一直受到鼓勵進行表演，不管是在家庭聚會裡，或者是學校話劇。而表演的成功及他人認可，通常是因為我們可以在正確的時間說出正確的話語，或者表現出合宜的行動。我們最喜愛的節目，很多都是公開才藝表演的評判比賽，我們花了很多時間在觀看別人爭取認可，相較之下就比較少著眼於接納自己。只要我們可以更加接納自己的才能，我們就更容易自動自發的表現出來，與他人分享。

19 TIDAL WAVE
海嘯

夢境

你站在海邊、沙灘或海岸線的邊緣,看到一道巨大的水牆衝過來。你也許有時間可以逃向山上,不過都因為海嘯衝擊如此猛烈迅速,因此你大概逃脫不了。當海浪吞沒你以後,你發現自己在海水裡滾動、翻轉,完全迷失方向。不過,後來你可以自由的游動,最後游回岸邊或沙灘,你氣喘吁吁看著那道浪潮消逝在遠方。或者,那道水牆大浪並未碎裂開來,而是在海岸附近,於你頭上盤旋不去。

意義

夢到水是反映你的情緒和情感,以及你如何跟它們應對。正如你的感受一樣,水往往是變動不居,難以捉摸的液體,而那陣海嘯大浪代表著你在日常生活中碰到明顯讓你承受不住的**洶湧情感**。地震常常引發海嘯,而這一波巨大的情感浪濤可能也是某段關係劇烈變化所引起的。這個明顯而重大的改變,影響到你生活的各方面,甚至讓你有慘遭滅頂的危險。通常你最初的反應是努力讓自己浮出情感津波的水面,希望自己站在更高的道德立場,可以不偏不倚的察看狀況。

然而在一波又一波似乎難以控制的情緒襲擊下,你很可能遭到吞噬,讓你完全分不清方向,心情低落而頭暈目眩。雖然你覺得這些狀況真的會把你拖下去,但最後你還是想辦法找出自己的路,**穿越這些混亂情緒而重獲平靜**。儘管你可能覺得這一切讓你筋疲力竭而垂頭喪氣,但你也明白這種情感騷亂就跟波浪一樣,總會退卻消失到遠方。如果你站在岸邊,只是看到波濤在靠近海岸之處盤桓起伏,表示你意識到情緒干擾可能來襲,但你已經可

以**採取一種更為客觀的立場來看待自己的情感**，你站穩腳跟等待騷亂過去。

- - -

行｜動

這個夢表示你擔心自己被情緒反應吞沒，而你對於重大改變正努力調適以求安渡難關。狀況也許是你無法控制的，因此不要想去控制它，你也許只能接受。**不要讓自己完全沉浸在混亂情緒中，要想辦法退後一步**，讓自己可以更客觀的察看當前情況。雖然你可能會想要抵抗這種變化，但你心底很清楚，**這是不可避免的**。

- - -

背｜景

我們形容情緒的用語，很多都跟水有關，比方說「得意洋洋」、「熱情高漲或消退」、「流露悲傷」。水自有它的波動和流向，我們的情緒也一樣。而經過自身的體驗，我們也明白**情感就跟水一樣，擁有驚人的力量**，對於我們生活的各方面都能產生深刻而廣泛的影響。我們對於自身情緒與波動越是瞭解，就越是明白不該壓抑、限制自己的情緒，只能想辦法加以引導和疏通。

20

遇見已去世的摯愛

夢 ↘ 境

你遇到跟你親密的人，既感到驚訝又很高興，因為你知道他們其實早已不在人世了。但是**現在他們出現在這裡，而且跟活著的時候一樣跟你說話**。這個人過去跟你一向關係親密，通常可能是非常親近的親人，例如父母或祖父母。他們可能想要傳遞某個訊息給你，或者他們雖然通常很高興見到你，有時候也會真的對你感到生氣。

- - -

意 ↘ 義

夢到遇見死去的親人或親密的人，表示你在真實生活中正經歷個人意識的轉變。儘管他們實際上已經離開人世，你在夢裡運用自己的記憶和你體驗到他們的個人特質，**重新塑造**出這個人。你會遇到他們，代表你逐漸意識到那些特質也開始出現在你的行為模式裡。如果你的父親在生前以一種明智而成熟的權威形象來愛護你，那麼你夢到他就表示你對於自己的智慧和權威感也越來越能接納。如果是夢見對你一向呵護備至、慈悲憐愛的祖母，那就表示你對人付諸愛心和關懷的能力也正在增長。

　　如果那位親密的逝者想要給你一個訊息，通常表示**你在真實生活中正想傳達某件事情讓自己知道**。這個訊息的本質顯示，你想告訴自己的，通常會是發現了某些個人資源或才能，是你過去一直不知道自己擁有的。雖然你跟這個人的關係一向非常親密良好，你可能在夢中很吃驚的發現他們對你感到生氣或惱怒。不過，這不是他們在對你生氣，其實是你在對他們生氣，你覺得他們拋下了你，離開人世。

- - -

這個夢是要為你跟自己的某些部分**重新連結**，你過去以為那些部分已經永遠消失了。雖然感覺像是親密的逝者真的來到夢中與你會面，但實際上是你跟某些對你很重要的事物重新聚在一起。那些**親密的人送給你的禮物，就是你會看到自己經常忽略的自我特質**。你不該只是消極的悲嘆他們的逝去，親密逝者為你揭示某些特質，現在該是接納和表現出來的時候了。

- - -

痛失摯愛，是每個人都必須忍受的最慘痛經驗。我們最親愛的人似乎是我們的一部分，他們的離世好像也讓我們的某些部分永遠喪失。儘管他們已經不在，物質上也不可能跟我們在一起，但他們還是可以透過一些特質來跟我們相連，在過去正是這些特質讓我們和他們的關係如此特殊而緊密。雖然失去摯愛令人心痛而悲傷，但我們一樣可以**向他們尋求深刻的愛與啟發**。

21

外遇

夢境

你幾乎可以肯定，自己的伴侶有外遇了。他們回家的時間變得更晚，回來後也顯得心不在焉，似乎對你已經完全沒興趣。你瘋狂的尋找線索，也找不到任何絕對證據，證明他對你不忠。不過等你發現他們的合照，或者走進某個房間後，赫然發現他們正熱情擁抱，你的懷疑終於得到證實。雖然這個發現讓你心情壞透了，但你又感到一絲滿足，因為你的恐懼獲得了證實。你非常憤怒，又覺得愛人讓你失望透頂。

- - -

意義

通常是在真實生活中對自己的性魅力和吸引力沒信心，才會夢見伴侶不忠。儘管這個夢很容易讓人聯想到，可能是伴侶跟某個魅力人士出軌，但它其實是反映你對於自己的某些基本需求的照顧不足，才會讓你**覺得自己不像以往那麼有魅力**。這在日常生活中常常會發生，某些令人挫折或沮喪的場面往往讓人喪失自信。然而，挫折和喪失自信往往出自於**你不再相信自己的判斷**，非得尋找他人的認可和讚賞不可。

那種想要獲得他人認可的需求，可能會讓你捨棄最貼近內心的真正企圖，雖然你會說服自己那樣做才符合自身利益，但你的潛意識還是會對自己感到失望。這可能會讓你對自己感到厭煩和不耐，結果則是你在現實生活中不能表達出自己的真正感受，反而把心底難以平撫的不安投射到自己的伴侶身上。你不會想讓現在的伴侶分擔你的挫折，反而渴望其他人也可以感受到你的魅力，**結果最後外遇出軌的人可能正是你**。事實上，你在現實生活中越能保持自信，你就越有信心邁向自己的新未來，成為你自己

理想中的那個人。

- - -

這個夢是要讓你知道：**你正以某種方式背叛自己**。你對自己的能力變得沒信心，而且可能過度依賴他人的認可，才能讓你覺得自己特殊和被需要。你不能老是靠別人來讓你覺得自己有吸引力，靠別人來支持自己的信心，這個夢就是在鼓勵**你做自己就好**。我們很輕易就會希望別人為你負責或鼓勵你，但現在該是你為自己的目標和潛力找回自信的時候了。

- - -

當我們處於親密關係之中，很容易將自己的價值和尊嚴投射於親密伴侶身上。特別是在開始一段新關係時，我們常常把新伴侶視為反映自己最深層欲望的獎賞，而不會把他們當作永恆的支柱。我們最後可能以為伴侶必須為我們的快樂和滿足承擔一些責任，於是當我們對自己不滿的時候，與其重新掌握對自身能力的信心，不如直接去譴責伴侶就容易多啦！

22 ENDLESS PACKING
打包不完的行李

夢 → 境

你正為了某趟重要旅程整理行囊，心想必須趕緊動身才行。可是你要**打包的行李一件接著一件**，你的旅行需要這些東西，但你擔心根本帶不走。就算你認為所有的東西都打包進去了，還是會發現有些什麼遺漏了，必須再塞到別件行李裡才行。儘管你想準時動身，展開旅程，卻發現自己可能永遠打包不完。

- - -

意 → 義

夢到無休無止的打包行李，你是在思考如何組織自己的日常生活，好把許多事物納入掌控。雖然你總是在生活裡盡可能塞滿事物，但你發現時間永遠都不夠，永遠有更多的事等你去做。**那些行李就代表你追求成就的潛能和資源，你希望藉此開展所有的計畫和野心**。那種想要趕快動身的感覺，表示你希望在某個特定期限之前開始進行某些計畫。但不管你多麼想把這一切準備就緒，你總是感到好像還有什麼東西沒有搞定。

儘管你瘋狂的想把許多事物納入生活之中，**你還是覺得毫無進展而時時感到沮喪不已**。你在現實生活中忙著為自己的成功準備這個、準備那個，但你卻不能真正下定決心採取一些必要的行動，真正為了達成自己的目標而跨進那未知的領域。你打包放進行李的那些東西，代表你過去的經驗和習慣，但如果你想為任何突發狀況提早做準備，那麼你一步都跨不出去。雖然這些經驗和資源可能真的會有一些用處，但那些預期和設想最後卻讓你感到疲累頹喪。

- - -

這個夢要告訴你的就是：你該拋棄那些舊行囊，才能盡情把握新機會。我們常常多方設想，以為必須做好所有的準備才不會錯失機會。其實想要獲得成功最好的辦法，就是**少花點時間去準備，而多點時間朝向目標進行實際工作**。你花越多時間做準備，在掌控新狀況的結果時，就越可能陷於過去的行為模式。

- - -

自從人類開始使用工具，過著游牧狩獵和採集的生活，就會利用袋子來保存和運輸財產。在剛開始的時候，我們只會使用一些小袋子，用來裝些珍貴資源，例如：一些打火石、藥草之類的，**以備不時之需**。然而等到大家的生活變得越來越富足而複雜之後，過多行囊反而帶來「滯怠阻礙」（encumber），這個字源自古法文combre，原義就是「障礙」、「堤壩」。過多的設想會拖累自己的腳步，讓你的生活難以自由自在的向前流動。

23

犯罪

夢境

因為某種原因，你犯下可怕罪行並急著想掩蓋。也許是非常嚴重的罪行，例如殺了人，急著要處理屍體。無論你多麼拚命隱藏證據，總有蛛絲馬跡顯露出來，例如：伸出一隻僵直的腳或手，或者手機裡留下一則簡訊，你怎麼刪都刪不掉。**你想趕快逃走，很害怕有人會發現你的罪行。**這椿罪行通常是出於意外事故，或者是你為了保護自己而不得不為之。

意義

你夢見自己犯了罪，是表示日常生活中有某些事情讓你對自己失望，而且覺得自己應該負起那個責任。雖然你一向遵循正道而行，身體力行的堅守某些原則，但現在你認為你背叛了自己的道德標準。**夢見殺了人要處理屍體，通常代表你想抹除自己個性上的某些部分。**這通常是在目前狀況下，你覺得被迫要捨棄的某種獨特天賦或創造性的技能。就算你想要繼續保有它們，但為了讓其他人感到高興，你還是忍痛犧牲。

儘管你在實際生活中很想掩飾自己的獨特才華，它卻不時會突然冒出來，讓你不能不注意到。夢見自己偷了什麼貴重物品，代表你對自己不夠看重；不告而取謂之偷，就好比你不允許自己擺脫更深更重的責任，自由自在的享受自己的人生。夢到自己想要脫逃，表示你想擺脫那些侷限自我的想法，讓自己在生活中得以忠實的**表現真正的自我。**夢中的罪行似乎往往出於意外或是尋求自保，這是因為你想確保他人能夠接納你。

這個夢境所顯示的證據是：你為了符合他人的願望、尋求他們的認可，而準備犧牲一些你最深切的需要。但是這種任他人來評斷你的做法，很可能會讓你失去表達自我的自由。為了他人的愛護和接納而拚命配合別人，到最後往往是背叛了自己的基本需求。**你要讓自己表現得更加自然，才能從他人的要求裡解脫出來**，才有餘裕去發揮自己真正的才能。

在我們學會說話之前，父母親最先教導我們的事情之一，就是**辨別是非對錯**。當我們進入學校之後，這個教導還會繼續加強，我們開始體驗到一些好和壞的特定行為準則。在某些時候，我們都可能違反準則，因為一些輕微過錯而內疚。我們遵守團體的準則和規範，才會被他們所接納。雖然你很願意對團體忠誠，遵守它的律法，但這可能讓你不得不違背某些與生俱來的性格。

24

CATCHING A TRAIN
趕火車

夢 ↓ 境

你急著去火車站，因為你一定要趕上特定班次。你到了車站之後開始感到焦慮，因為你不知道要去哪個月台，也忘了車票擺在哪兒。等你好不容易到了正確月台，卻只能目送火車消失在遠方。就算上了火車之後，你又開始擔心是否搭錯車，擔心不知道該在哪裡下車。

- - -

意 ↙ 義

夢見趕火車，是代表你在日常生活中正思考是否追求某個特定的職業生涯。火車依照預定的時程跑固定的路線，因此通常象徵著某種大型組織裡的特定職業道路。不同的火車代表不同的職涯機會，而不同的火車站則是指開展這些機會的不同方法。你心裡希望如果你選定路線，走一段時間之後，可以達成某種程度的專業目標。想要找到正確的上車地點，代表你還在為你的專業目標尋找正確的月台。**那張車票就是你選擇這條職涯道路的機會，你當然很擔心它掉了**。

　　夢見到了月台卻看見火車走遠了，是擔心自己可能錯失某個特定的機會。上了火車卻發現它不會停車，是表示你想轉換職業生涯，卻又因為過去的決心而**遲疑不定**。儘管目前一切都很上軌道，進行得相當穩定順利，但你可能因為自己受到限制，因為無法擺脫僵化路線而感到沮喪。不過火車總會靠站的，那就是你**轉換職業生涯的時機**。

- - -

行 L 動

這個夢是關於**你的人生要選擇何去何從**，還有你要怎麼讓你的目標追尋能夠步上軌道。要成功的開展自己選定的職業生涯，你必須下定決心在某個特定的時間內，往那個特定方向前進才行。要下定決心可不容易，但如果不選定一項目標而努力去走，又可能會錯失前進的良機。雖然你可能會覺得有點被當前路線困住了，但有時候最好的做法就是在到達自己的目標之前，**先耐心坐好**，不要隨便冒險轉換職業生涯。

- - -

背 I 景

有許多人搭乘火車上下班，它在提供確實而穩定前進的同時，也讓我們知道它絕不可能任意變換路線。正如我們朝著選定的路線前進，沿途經過一站又一站，就是進展的指標。所以當我們說到某人抱著不切實際的期望而做錯決定，會說他「下錯站」，或者看到某事脫離預定路線或方向時，會說它「脫軌」或「還沒上軌道」。

25 BACK AT SCHOOL
重返學校

雖然你早就長大成人了，卻發現自己因為某些原因又回到以前的學校。通常是夢見在校的最後一年需要補考，懷疑自己為什麼還要回去上那些課。可是**你不想再上課了**，而是迫不及待的想要離開學校，趕快進入社會發揮所學。也許你回到學校想去上一堂重要的課程，但是你走到教室的途中卻不斷迷路。或者你常常發現以前的老師正不厭其煩的提醒你，要你特別注意某個特定議題。

- - -

當你夢見回到中學或大學，表示你在日常生活中發現自己可以學到某個珍貴教訓的機會。雖然學校通常是提供學術教育的機構，但它也代表著你在成長時期所獲得的各種資訊。你進入學校時通常只是個孩子，而畢業離校時往往是個成人，所以它也常常**代表你的成長獨立和應對處世能力**，特別是跟那些權威人士的應對相處。你夢見自己回到在校的最後一年，表示你在日常生活中正在學習以成人的態度解決某個特殊狀況。你覺得自己迫不及待想要趕快離開學校，表示你急切的想要發展自我。

那些你想去上的課程，通常就代表著你在現實生活中學習教訓的本質。歷史課是敦促你拋卻過去，走向未來；地理課要你拓展視野，探索陌生領域；語文課是要你用不同的方式，更流暢的表達自我；數學課表示你要解決某個問題時，必須更理性的計算規畫；科學課程代表你要根據確切的證據和基礎來採取行動；而藝術課程表示你要發揮更多創意和自我主張。**教師象徵著要你聽從那個古老而明智的自我。**

- - -

這個夢要教導你的是：就算你已經從正規教育畢業了，也**不要停止學習**。對於周遭世界越是瞭解，你也才能更加瞭解自己。它要你**更加開放自我意識**，對於自己在日常生活中的潛能要有更基本的瞭解。跳過這些經驗，忽略其中的教訓當然也相當誘人，但是這通常會讓你陷入同樣的舊模式和那些侷限自我的想法，並且動彈不得。不管你在夢中準備研習什麼科目，學習成果帶來最重要的影響往往是在深層的自我意識。

- - -

我們在學校的時光，正是我們開始理解家庭之外的大世界。我們脫離父母的管控，要學會在指定時間內完成特定任務，獨立的跟他人發展關係。我們在學校的經驗往往也會在工作生涯中重現，我們在職業生涯中學會的教訓常常會跟學生時代相呼應。儘管我們可能不會再參加什麼正式的考試，我們還是會去檢視自己的績效，判斷自己的成功到達什麼程度。

26

遇見名人

夢境

你最欣賞的名人向你走過來，就像熟識多年的朋友一樣跟你聊天，你真是既驚訝又高興！你想告訴他，自己正是個超級粉絲，非常敬仰他。你的偶像跟你在一起時，似乎真的很放鬆而且很高興有你的陪伴，因此你也試著以平常心跟他們交談。雖然剛開始時，你覺得很緊張又有種敬畏感，但很快你也發現自己感到輕鬆自在，過了不久你們就開始計畫雙方的共同合作和更多的聚會。

- - -

意義

夢到與名人聚會，代表你正在思考**你個性上某些獨特面向**，那是你一向最尊重也最佩服的特質。名人象徵著獨特的創新才能和優異表現的能力，也代表做決策時具備有力而資源豐富的自由選擇。你所遇到的名人就是你個性上的那些面向，表示你在日常生活中正逐漸意識到那些特質。**那些你在名人身上最感到敬佩的特點，也正是你開始在自己身上意識到的特質。**你開始意識到自己的創意才能，或許這會讓你感到驚訝，不過這些能力往往在你不自覺的情況下，以某種特定方式逐漸增長。

雖然你想知道自己的才能得到多少增長，但要讓別人也承認和欣賞你的才華可不容易。把它認為是別人的才能，而不是你自己的，或者不讓人注意到你擁有那些才華，似乎要容易許多。不過等到你對於自己的獨特才能，可以更輕鬆自在的看待後，自然就容易跟更多人分享。你能夠讓更多人肯定和讚賞你的才華，就更能夠發展和培養自己的能力。如果你跟名人不只是相遇，而且還談起戀愛或從事跟性有關的活動，表示你已經強烈認知到自己的獨特才能或技藝。

- - -

行 ∟ 動

這個夢反映出你隱藏的才能，鼓勵**發展自己尚未瞭解的能力**。我們似乎比較容易認為他人才會擁有才華，但你其實也會有一些獨特的技能。儘管許多名人似乎都很成功，但他們也都很努力在發展自己的才華。跟那些名人一樣，你也應該展示出自己的才華，而不是刻意隱藏它們。你能夠更認識自己的技藝和能力，就能在你所選擇的專業領域中，獲得更多的認可和讚賞。

- - -

背 ∣ 景

當老祖宗們探索他們與生俱來的力量時，常常創造故事來描述一些超越人類甚至是超越自然的特質。這些早期傳說中的異教戰士和女王被先民尊為男神和女神，後來又進一步演變成各個宗教和文化中的神祇。到了啟蒙時代之後，人類集體神話思考逐漸消退，而理性的科學思維趨於普遍，我們就開始**利用公眾人物來代表過去男、女神所具備的特質**。不過我們不是在寺廟或神殿膜拜他們，而是在大眾媒體上讚賞他們超脫凡俗的能力和資源。

27 EARTHQUAKES AND ERUPTIONS
地震和火山爆發

夢境

當你跟平日一樣，正在進行一些日常事務時，大地突然開始震動，很快出現裂痕。你急急忙忙跟其他人想要逃到安全地點，沿途看到路塌屋毀。火山熔岩在路上奔流，所到之處即陷火海，此時通常還伴隨著地震。**你的周遭已經陷於完全的混亂，似乎世界末日已經降臨。**你除了眼睜睜看著這一切發生之外，似乎什麼事也做不了。

- - -

意義

夢到地震或火山爆發，通常表示你個人在日常生活中產生了巨大變化，讓你受到極大影響。在真實生活中，**大地一向是我們所倚賴，感覺穩定和受到支撐的來源**。然而一旦發生大震盪，生活中某個穩定領域變得緊張和不安，通常還會影響到其他領域，可能是工作生活影響了家庭生活，導致很多潛在的摩擦。這些潛藏的緊張就跟地震醞釀一樣，到了某個臨界點就會突然爆發，到時周遭一切可能都會出錯。

在地震的夢裡常常也會夢見火山，這代表隱藏在你心中的**緊張和壓力**可能會在憤怒中爆發。雖然你一直在壓抑怒氣，但你可能發現自己失去理智而抓狂暴走。壓抑已久的憤怒和沮喪就像熔岩般冒著熱氣和泡沫，你似乎完全沒有辦法制止。任意宣洩怒火和失望於事無補，其實如果能夠從正確的管道加以紓解，它也會是**創造能量的絕大來源**。不能再讓隱藏心中的怒氣毫無控制的累積增壓，而是要加以引導，讓它成為前進的動能。

- - -

行　動

在你平靜的外表下，有些情緒已經沸騰到冒泡的程度，要從這個夢出發向前走，最好是要**找到一些釋放挫折感的辦法**。疏導情緒最有力的方式，就是把你的所思所感表達出來。有些沉重的緊張和壓力可能會讓你失控，所以你最好針對一些比較小的問題來建立疏導管道，以謀求真誠的溝通。你不必尖叫咆哮，而是**平靜的表達自己的想法，讓你的真正情感得以發出聲音**，直到你的需求獲得滿足。

- - -

背　景

儘管許多人不曾親身經歷地震或火山爆發，至少它們在傳播媒體中時有所見，在一些末日電影裡也被賦予了神話般的地位。這個外部地形事件其實**反映著我們內心景況與立場**的重大變化。許多關於個人重大變化與挫折感釋放的形容詞彙，都是根據地表、地貌的重塑改造而來，例如：我們常說某事讓我們的「世界為之震撼」，某事是個「令人感到天翻地覆的經驗」，或者什麼狀況「爆發了」。

車子不見了，或是壞掉

夢
境

你準備趕赴重要約會，卻發現自己的車子壞了。你匆匆忙忙的走到停車的地方，卻沮喪的發現它發不動。雖然你一向定期保養，也很小心照顧，可是它就是發不動。當你下車察看時，發現它可能輪胎被刺破，或者某個重要零件已經損壞或遺失。也許你會發現，整台車子都不見了，可能是失竊被偷了，或者你就是想不起來它停在哪兒。

· · ·

意
義

夢見車子丟掉或壞掉，通常意味著**你在日常生活中莫名其妙的覺得喪失動力和企圖心。**那輛在夢中載運你的交通工具，代表著你在真實生活中，達成目標的不同方式。一般的汽車通常是個人交通工具，也就是你在推展事業時的個人動機，同時也代表著你想達成某些個人企圖時，你所掌握的力量和控制程度。不過在某些狀況下，你可能必須暫時歇步，讓自己的企圖停留在某個地方，希望自己日後可以再回過頭來照顧、推動這個目標。夢裡那個需要趕赴的重要約會，就表示重新點燃夢想的重要時機。

夢到車子發不動，表示你在生活中發現自己對某些事提不起勁，不感到興趣。感覺過去曾經有的激情已經不再，或者覺得你沒有足夠資源讓你的鬥志重新燃燒起來。也許你還是想要朝著目標前進，但你現在發覺自己疏忽了某些重要部分。夢見輪胎被刺破，代表你覺得**有點失望和喪氣，**如果你還想達成預定目標，可能要想點辦法為自己打氣才成。如果車子好像是被偷了，代表你**不夠重視自己，**因此無法全力追求自己的目標。

· · ·

行動

這個夢是向你提出警示：你在真實生活中似乎已經失去了幹勁和方向。如果你不想辦法維持自己的動力，你的動機往往會在日常生活中逐漸流失，到時你會很驚訝的發現，當你覺得自己需要一些動力來追求目標時，卻找不到它們。恢復動力最直接的方法，就是**下定決心把自己的精力集中於預定的目標**。你越是能夠果斷的朝向目標前進，你就越能善用手上工具和資源，在真實生活中追逐自己的夢想，讓你的事業生涯回到正軌。

- - -

背景

個人的交通工具，代表著我們在日常生活中選擇目標、獨力追求的能力。在十九世紀末汽車發明之前，人們通常會夢見的是馬匹失竊或生病。那些比較靠水生活的文化裡，他們夢到的也許是**船隻沉沒或漂走**。過去有許多詞彙也都跟馬有關，例如：「鉗馬銜枚」、「駕馭雄心」，而現代詞彙中也有許多跟汽車有關係，比方說：某人要「加油」，某事「換檔加速前進」。

29

摯愛逝世

夢境

你震驚而悲痛的發現自己心愛的某人去世,通常是你的父母親,或者某位無條件關愛你,而你也十分依賴的人。儘管痛失所愛令你悲痛難忍,你還是設法讓大家知道,這個人在世時所表現出來的美妙特質。你懷著難忍悲痛醒來,隨即發現摯愛仍然好好的活著,馬上鬆了一口氣而感到欣喜。

- - -

意義

夢見摯愛離世,通常代表某種生活方式的結束,而新的生活即將展開。這種夢**並非預告親人或愛人的不幸**。你在夢裡夢見的人,通常就是**象徵你自己某些個人特質**。如果你摯愛的人在現實生活中總是表現出溫暖和關愛,那麼你正在思考的就是自己表現相似特質的能力;如果你的摯愛一向表現出負責任而有能力,那麼你是在對自己的責任感和能力提出質疑。你夢到摯愛去世,代表你擁有的這些特質正以某種方式產生轉變。

　　這種轉變通常是你真實生活中某項重大變化的結果,你必須拋卻舊習慣,迎接新的處世接物方式進入你的生活。這種夢的場景也常常出現在靠近墳墓的地方,它是在**鼓勵你讓過去安息,你才能邁向新的未來**。如果是發生在醫院的場景,通常表示你太過依賴摯愛,你在日常生活中必須對自己更負責任,學會自力更生才好。醒後愉快的知道所愛的人還活著,則是強調你跟他們之間已經轉化成**一種新的關係**,可以讓你們的連繫更為緊密。

- - -

行 動

這個夢是在說：你日常生活中的某個特定階段已經快要結束了，你的生活有一個特定時期的活動即將結束，並指出你會開始看到全新領域的機會。讓你從過去釋放自己，才能夠自由的邁向新未來。雖然這個夢境會讓人以為是不幸事件的預告，但這種情況很少出現。**你不必擔心有誰可能會真的去世，而是該考慮某些正在對你開放的新可能**，你該如何利用這些機會來豐富和開展自己的新生活。

- - -

背 景

與父母親分離的焦慮，是我們人生中最先體驗到的憂慮之一，因為父母親通常就是竭心盡力照顧我們，讓我們享有舒適和安全生活的人。我們都有過父母親離開視線又回來的經驗，對於他們是否會一去不返，我們總是非常擔心。等到我們變得更加獨立時，我們對於父母及摯愛的依賴就會減少。但是當我們面對不能確定的情況時，仍然會希望他們能夠再次回來，希望一切都可以恢復正常。**儘管死亡是不可避免的結局，但其中也孕育著新生。**

30

撥錯電話號碼，或是按錯鍵

夢境

你正在打電話，卻一直撥錯號碼。雖然它可能是個非常熟悉的號碼，你卻總是在最後兩、三個數字按錯鍵，而感到非常喪氣。可是**你真的很需要打這通電話，因為你有些事情急著要對某人說。**儘管你很努力想要打這通電話，卻總是發現自己撥錯號碼，打給不認識的人。如果夢到自己傳送重要文件撥錯號碼，或者開啟密碼系統卻一直按錯鍵，也是類似的夢境。

- - -

意義

夢到自己撥錯號碼或按錯鍵，表示你在真實生活中覺得跟某個特定人士難以溝通。雖然你跟這個人可能經常聯絡，但現在的情況似乎有點混亂，**你無法以慣常方式傳遞和接收他的訊息。**電話通常就是傳遞話語和訊息的工具，但這個夢所說的是你透過什麼行動和作為來進行溝通。你跟此人的溝通有某種習慣方式，你知道要按哪些數字，就能得到回應。

　　但現在因為某些原因，你狂按數字鍵，對方卻毫無回應，不管你怎麼按都聯絡不到他。儘管你非常努力的把電話打出去，對方表現出來的行為卻是你不認得的。這通常表示對方對你的行為有別的看法，因此不再回應你的要求。如果你可以更加明白這一點，你就該更深入的檢視自己過去是如何跟他人、跟自己進行溝通。夢見密碼系統開不了，或重要文件傳送不出去，通常表示你正在思考自己在工作場合的行動和作為。

- - -

這個夢要傳達的訊息是：**人際關係的處理跟操作機器是不一樣的**。得不到回應，通常是因為你的溝通方式不對，而不是對方有什麼問題。你不該一味的只想把自己的訊息傳遞出去，而是應該要**試著傾聽對方想說些什麼**。你越瞭解對方的需求，跟他們的連結就越緊密，他們才會注意你的訊息。

- - -

從我們第一次按下電燈開關，就開始明白特定行動的因果關係。等到我們開始使用電話和電腦，也學會必須依照一定程序才能聯絡到特定對象。而我們跟其他人的溝通，大多數是透過這種遠距離方式，而不是面對面的，因此當我們進行溝通時，往往不是看著對方的表情來判斷他們的情緒，而是按著一連串的按鍵來表達自己的想法和情感。這種情況常常會**導致溝通斷線和誤解**的感覺。

3I

ANGRY CONFRONTATION

吵架衝突

雖然平常的你是安靜而愛好和平的人，你卻發現有人在吵架衝突中對你咆哮發怒。你確定是對方挑起戰火的，當對方怒聲責罵時，你只是想捍衛自己的觀點。雖然你**不明白是什麼原因而吵架，但你覺得自己很受傷**，而且對此非常惱怒。結果這場衝突變得更為激烈，大家的聲音越來越大，你相信自己的怒火也即將爆發。

- - -

夢到自己捲入吵架衝突，通常表示你在日常生活中正面臨挫折感和某些讓你感到很討厭的事物。儘管你平日可能是安靜平和，現在卻有些事情讓你真的很生氣。你平常總是氣定神閒，因此在這種時候你就更不知道該怎麼去表達自己備受困擾的感覺。你確定這場爭吵是出於對方挑釁，代表你的挫折感多少是由他人引發的。但這也可能不是故意的，只是他們在無意中的所作所為，揭露了讓你感到不滿的深層原因。當你發現自己隱藏在心中的挫折感被暴露出來以後，**你感到自己很脆弱，而引發想要自我防衛的心理。**

那些身陷不愉快場景但本身沒有犯錯，還有**不知道如何表達自己需求的人，常常會做這種夢。**如果夢見自己的愛人怒聲責罵，那麼你在真實生活的某段關係可能出了一些基本問題，讓你覺得自己的某些需求沒有得到滿足。但是，你又覺得如果要向你的伴侶說出自己想要什麼，可能會帶來某些不好的後果。夢到老闆生氣，通常代表你覺得他們忽視你的才華，讓你感到非常抓狂。如果是已經過世的人在夢中對你憤怒咆哮，那可不是他們在

生氣，而是你對他們生氣，責怪他們拋下你而離世。

- - -

行｜動

這個夢是一聲吶喊：你在某個情況下感覺非常無奈。你發現很難說出自己在擔心什麼，而這種壓抑在心底不斷積累增壓。你怕打擾他人而不敢說出自己真正的感覺，導致自己的心理壓力越來越大。你不必訴諸尖叫、咆哮，而是要**冷靜的說出自己的想法**，讓你的需求獲得滿足。

- - -

背｜景

對於生活在一個禮貌而穩定的社會中，我們最先學到的一些教訓，即是要學會控制情緒，尤其是像發怒、生氣等負面情緒。不過沒表現出來的憤怒會在心底累積增壓，我們可能會將之投射到外在世界，成為我們跟他人衝突的潛在壓力。如果不說出自己心中真正的想法，那個心理壓力可能形成慢性的內在衝突，消耗大部分的心理能量，使我們感到挫敗和軟弱。

32

找不到回家的路

你在某趟旅行之中，但真的很想回家，卻不知道為什麼找不到回家的路。儘管你相信自己記得怎麼回去，但周遭一切讓你感覺非常混亂。你雖然不停的**嘗試不同路線**，結果卻離家越來越遠而不是越來越近。即使有人想幫你，也無法指明正確方向。在夢中，你通常隻身一人，可能是步行，也可能搭乘某種交通工具。

- - -

夢見找不到路回家，表示你在日常生活中覺得自己無法表達真正自我。**在夢裡，你家就代表那個讓你覺得最自在，就像在家時的真正自我**。夢見自己正在旅行，表示你經歷了一段轉變時期，如今你已經快要渡過這個時期了。在那段時期裡，你必須表現出某些適當行為，但那些行為如今讓你覺得不自在。你因為不能表現出真正自我而感到挫折，這種情況在工作場合中常常發生，你覺得自己不能做那些你真正想做的事情。

這種情況也可能在某段人際關係中出現，你覺得自己的貢獻沒有受到肯定，或者自己的需求沒有得到滿足。在夢中，你嘗試不同路線，代表你試著扮演不同角色來取悅他人，如此一來卻讓自己更加偏離真正的自我和需求。雖然別人可能建議你應該怎麼做才好，但**你自己的道路應該由你自己來選擇**。夢中的你通常是單獨旅行，代表這個夢是關於你的個人身分，以及你應該怎麼真實的表達自我。你在夢中的交通方式越是屬於個人，例如：步行或騎腳踏車，就代表你必須更加注意日常生活中個人領域的狀況。

- - -

行 動

這個夢是要展示：你在日常生活中應該想辦法找出真正自我。我們很容易讓自己沉陷於他人的生活和需求之中，但你會因此而忽略了自己的需求和深層的自我。不管你為別人做了多少努力和犧牲，到頭來你只會覺得自己沒有得到滿足，也受到低估和輕視。**你越是能夠誠實的對他人表達自己的目的和需求，才能讓自己更為自在。**

- - -

背 景

世界上沒有任何地方比得上自己的家，而它在夢中就是個人身分的基本象徵，我們在需要放鬆和休息的時候，都會想要回到自己的家。家是我們得以回歸自我的地方，不必再去配合他人的需求、迎合別人的評斷。家鄉的概念同時也表現在國家認同上，來自相同地區的人會具有一些共同的特徵。正如同家鄉一樣，**家就是你進入世界的出發點**，那裡通常包含著代表你身分的最深根源。

33

被某種權威追逐

夢境

有幾個穿著制服,看似官方機構的人一直在追你,而你死命想要擺脫他們。你知道他們就在後頭追趕,可是你想不透是為了什麼。後頭的追兵通常是男性,常是一身黑衣,你根本不認識他們。那些人組織嚴密,很厲害,而且通常還會攜帶武器。萬一被他們抓到的話,你很怕他們會殺了你。他們不停追逐,不管你躲得多隱密或逃得多快,他們似乎越來越接近了。

- - -

意義

夢見遭受權威機構的追逐,通常代表**你在日常生活中正擔心你個人的行動自由和應該擔負的義務**。這種夢常常會在年紀比較小的時候出現,在你建立自我身分,爭取行動自由的時候。當你身處於更大團體之中,要在集體要求之下提出個人需求的時候,總是會造成一些緊張,例如跟你的父母親、師長或其他權威機構或人士。日後在你設法平衡責任與自主自決的需求時,這種緊張關係可能會繼續在生活中出現。雖然你可能會想要逃避自己的承諾,但**擁有強烈責任感的人**就常常會做這種夢。

那些在夢裡追逐你的人,就是你在設法操控自我需求時,讓你覺得受到拘束的責任感和義務。它們其實就是你的一部分,所以你擺脫不掉自己的責任感,再怎麼努力也辦不到。**男性通常是正式權力的象徵**,代表你允許自己選擇某種方式來行動的能力。你對自己擁有這項權力可能感到奇怪,而那些黑衣人就是從你潛意識中冒出來的領悟。他們的規模和組織嚴密與否,正反映出你的自我管理能力。儘管你會害怕責任感可能扼殺自己的個性,但你對自己的行為還是擁有最終的決定權。

- - -

行　└　動

這個夢是**賦予你選擇自己行為的權力，讓你可以為自己負起責任**。我們很容易會諉過於他人，責備別人限制你的自由，讓你不能做自己想做的事。但事實上，在日常生活中若能對自我紀律負起更大責任，你才能擁有更多的自由。你的最大自由之一，就是能夠負責任的運用自己的權力。如果你只想滿足需求而推卸責任和義務，那麼你會覺得在他人的行動中，自己永遠是個犧牲者。

- - -

背　│　景

我們對於權威的最初體驗是來自父母親，而他們也會教導我們要對自己的行動負起責任。當我們還是小孩的時候，通常只想憑藉衝動來行動，整天就想隨自己高興的亂跑來娛樂自己。後來我們會受到許多權威機構來限制自由，特別是進入學校之後，但是我們所受的教育也提供了獲得自由的機會。成年之後，我們有時也會覺得某些機構或組織想要剝奪我們的自由，例如：法西斯社會或極權體制。

34

CHILDHOOD HOUSE
童年時代的房子

夢境

雖然你已經成年，卻又回到童年居住的房子，那是你離開多年的地方。那裡還跟當初你離開的時候一模一樣，通常**你會在那裡找尋某樣東西，是因為你認為它還在那兒**。你可能發現自己在翻找老舊的櫥櫃和衣櫃，尤其是你以前的臥室。不管你找的是什麼，通常會在老家的床底下找到，讓你覺得很高興。有時候也會發現自己在老家外頭的花園，跟兒時玩伴或以前最喜愛的玩具玩得很高興。

- - -

意義

夢見回到童年時的房子，通常代表你早年成長期的一些經驗。房子在夢裡通常就是代表你自己，而**重新回到老房子表示你又想起或碰到那些幫助你形成自我的重要影響**。雖然在真實生活中，你的成長受到許多基本經驗所影響，但其中有些可能在你的童年裡沒有機會充分發展。老房子跟你當初離開時完全一樣，這是指你個性上的某些部分也一直都沒有改變。那些個人特質一直在你心底處於**休眠狀態**，等待適當時機來充分展露。

你在老房子裡找東西，通常是代表你想找到這些特質，和它們再次連結。家具代表你的個人習慣和記憶，諸如櫥櫃、衣櫃等就是你儲存童年經驗的地方。雖然那些回憶都已經被你打理乾淨，保存在某些地方，現在你又想把它們找出來。你的床代表讓你感覺最舒適、最放鬆的處所，因此在床底下找到那樣東西，表示你找到真正自我的重要部分。在屋外花園與朋友或玩具玩耍，其實是你在跟剛才找到的潛力玩。

- - -

行動

這個夢是鼓勵你去探索自己內在還沒被發現的部分，**開發它們的真正潛能，因為現在你已經有時間和資源來進行這件事情**。在你個性上的這個特定區域，通常就是你小時候沒機會或沒自信表現出來的才能。要無視於它而繼續生活下去當然是比較容易，但這是你真實自我的重要部分。讓它表現出來，正是你童年夢想的實現。

- - -

背景

我們都會以類比的方式來學習，而人類在兩、三歲的時候就開始意識到我們跟外在世界的區別，瞭解到世界可分為內在和外在。我們會把自己住過的第一間房子比喻成我們自己，利用那間房子來區隔內外，並以之作為性格成長不同部分的類比。等我們長大之後，我們通常被鼓勵要捨棄一部分的童年經驗，而它們就會留存在潛意識裡，以童年房子的形式出現。

35

無法動彈

夢境

你受到某種黑暗、邪惡的精靈鬼怪所威脅，發現自己在夢中動彈不得。不管你怎麼扭、怎麼動，你的身體似乎都停留在原地。有時候你可能感到胸部承受重壓，令你幾乎喘不過氣來；或者也可能是被某人或某物緊緊抱住、纏繞或擠壓；又或者覺得自己在雪中或冰裡凍僵。

- - -

意義

夢到自己無法動彈，是個非常恐怖的經驗，因為那個感覺往往非常生動而真實。**這種無法移動身體的現象，是出自於生理上的保護功能，讓你在睡夢中無法四處移動**。但這並不是在睡夢中身體出現問題，而是你的大腦阻斷了傳送到四肢和軀幹的神經訊息。這種狀況會帶來類似癱瘓的感覺，通常伴隨一種緊縮感，**彷彿有人或什麼東西壓住你的胸口一樣**。這種生理失能的自然現象稱為「睡眠癱瘓」（sleep paralysis），幾乎都是在睡夢中出現。這時候如果你從睡夢中突然醒來，通常還會感覺到夢境中的麻痺感。

這個夢境可能導致各種幻覺，特別是一些黑暗而邪惡的感覺，例如以為被黑衣男子用手抱住或老巫婆堵在你胸口。由於生理上會造成胸部肌肉收縮，因此你會覺得像是喘不過氣來。此時如果越感到焦急，使得肌肉更為緊張，那麼感覺會更糟。通常是你在日常生活中經歷一些緊張狀況，卻沒有獲得適當休息，睡眠癱瘓就比較可能發生。欠缺足夠休息表示你**醒著的時候身體仍然感覺疲憊，心智上卻變得非常活躍，就很可能觸發這個體驗**，醒來後往往是一身冷汗。

- - -

如果醒來後不管怎麼試都還是無法移動，那麼最好的辦法就是**暫時放鬆幾分鐘**。雖然這麼做可能違反直覺，不過讓身體放輕鬆之後，它才會以自己的節奏甦醒過來，同時讓恐怖感消褪。要避免睡眠癱瘓的發生，要盡量提升自己的睡眠品質，最好的辦法就是睡前要讓自己放鬆下來，避免過量的酒精和尼古丁，當然也要排除不必要的緊張和壓力。

- - -

我們通常以為面對意外威脅的典型反應就是「打或跑」，但在打或跑之前，我們最常見的反應其實是靜止不動，希望攻擊者沒注意到我們。而這種自然反應，是我們在做夢與清醒之間的半醒狀態會自動出現的。我們在夢中看到的形影，是已經進入神話和傳奇故事中的夜之精靈。

36

夢境

你正在對彩票號碼,突然發現自己中了大獎!你一次又一次的檢查,確認自己真的中了頭獎,你覺得好驚訝。或者,你夢見自己偶然挖到巨大的地下寶庫,或找到一個裝滿鈔票的行李箱。**碰上這種超級好運,讓你變得好焦慮**,不知道該怎麼拿到銀行安全存放,也不曉得如何申明自己是合法擁有的。

- - -

意義

夢見買樂透中頭獎或找到寶藏,表示你開始意識到自己擁有獨特而珍貴的才能。這是日常生活中碰到的某件事,讓你意外察覺自身擁有的寶藏。儘管看來似乎是毫不費力就得到這個機會,其實如果不是因為你擁有獨特的能力,也不可能會碰到這個機會。**你的才華可能蟄伏好一段時間了,現在正是你加以發揮的大好時機**。就跟中獎的彩券號碼一樣,那是確實可以查對的,可是這個好運落在頭上,你卻發現很難接受。

挖到地下的巨大寶藏,代表你潛藏的才華非常豐富,是龐大的資源。然而你儘管知道自己擁有這些才能,卻很難公開的發揮實力,完全的展露自己的才華。你對於申明合法擁有財寶感到焦慮,代表你對於自己天生的創造力仍然欠缺信心。這種自我懷疑可能就是才華一直被掩埋著,直到現在才顯現出來的原因。你**要對自己的才能更有信心**,更能肯定自己才華的價值,你才更能夠為自己創造機會,而不只是坐等好運降臨。

- - -

行　動

這個夢的價值是告訴你：你擁有一些獨特的才能或技藝，你一定要珍惜。它鼓勵你去**探索這些隱藏的能力，找出發揮才能的方法**。要充分實現才華的巨大價值，其關鍵在於你要先肯定、讚賞自己的創造稟賦，不管它們現在看來是多麼不重要。你越是明白自己的能力，別人才有更多機會來瞭解你的真正價值。你不應該只是坐等別人的發現，你要真正付諸行動，開始找出自己能夠做點什麼。

- - -

背　景

我們小時候最先聽到的童話故事，一定有找到寶藏、獲得數不清財富的故事。神話和傳奇故事裡，也必定會有寶藏財富和夢土樂園，描述街道是用黃金鋪成的故事。在這些故事裡，寶藏通常是在偶然的機會中發現的，而在現代版的故事中，這個機會就是樂透彩券。跟偶然中獎一樣，我們也常常希望別人會發現我們的才華，意外的發掘我們。英文「才能、天分」（talent）這個字來自拉丁文的talentum，表示「貨幣單位」，而**我們現在也往往將才華和財富上的成功畫上等號。**

37

沒趕上飛機

夢 → 境

你非常慌張的趕到機場，知道自己只剩幾分鐘，要趕快通過安全檢查才趕得上飛機。你急切的查看飛航班次看板，想找到自己航班的訊息，卻發現看板上訊息錯亂、互相矛盾。你想找周圍的人幫忙，卻沒人注意到你的尷尬處境。你心想真該早點出門的，可是你有那麼多行李要整理，在離開之前有好多事情要做。**當你聽到飛機已經飛走時，你的心情盪到了谷底。**

- - -

意 → 義

夢見沒趕上飛機，表示你在日常生活中的**計畫沒有帶來預期的成就感**，讓你非常焦急。飛機是空中交通工具，代表你那些想法正在無邊無際的想像中翱翔。你急急忙忙的趕飛機，表示你希望這些想法可以帶你騰飛，擺脫日常生活的這個世界。儘管**意識到自己渴望騰空而起**，讓你感到有些驚慌，但你在真實生活中已經做了許多準備，並設定好時間表來完成自己的計畫。然而你還是非常焦慮，因為不管你多麼忙於準備，似乎都難以取得進展，實現你的最大願望。

　　試著通過機場的安全檢查，表示你貪戀日常生活的安全領域，不敢去實現你的個人願望。飛航班次看板上的混亂訊息，代表你有時候很迷惑，不知道什麼事情才能讓你感覺最快樂。你可能面對著一些相互衝突的需求，它們從各個不同的方向拉扯你。似乎沒有人明白你的困境，因為你看來總是那麼善於打理周遭事務，能力似乎很強。那些你啟程前必須整理的行李和事務，表示你把大多數時間用於照顧他人需求而不是為你自己。

- - -

行 動

這個夢的訊息是：要你把握機會，讓自己的意願付諸實行。雖然你為了自己的計畫訂定了各種時間表，但是滿足和快樂不能如期抵達時，又讓你失望不已。這通常就是你的生活中塞滿了各種活動，看起來是很忙碌，但你卻沒有依照自己的願望，選擇那些有助於實現目標的行動。**把自己搞得很忙碌，常常會讓你更遠離自己的更高目標**，如果你想朝著自己的目標前進，就要跨出安全領域，開始去探索那些未知的地方。

· · ·

背 景

前往機場和登機過程，可能比真正搭飛機的時間還長，因此我們登機之前常常**感到時間壓力**，因為在那個過程中常常會碰到許多意外的耽擱和延誤。飛機有特定的起飛時間和目的地，它不是在地上等待起飛，不然就是在空中飛向目的地，因此我們常常用它來代表特定時段中的機會。在人類可以進行空中旅行之前，我們會夢見延誤某些自然時機，特別是一些農作上的機會。

38

GRAVES AND CORPSES
墳墓和屍體

 夢境

你看到黑色的土堆冒出一些蒼白的東西，走近一看驚恐的發現竟是一具屍體。儘管**那個人的死亡與你無關，你還是感到非常愧疚**，希望把他掩埋好。當你試著掩埋那具屍體時，也許又發現萬人塚裡有好幾具屍體。你急急忙忙的想要掩蓋這一切，希望在任何人發現之前趕快逃走。

- - -

意義

夢見掩埋屍體，代表你一直在考慮怎麼發揮潛藏實力，在日常生活中實現某項特定計畫。意外碰見屍體，表示**你擁有某個特殊才能，但是你過去一直摒棄不用**。儘管你認為發揮這項才能的時機早已消逝，但在你的日常生活中，現在就出現一個新機會，能夠讓你發揮獨特才能。儘管拋棄自己最珍視的希望和夢想，是環境所逼不得不然，你還是覺得非常內疚。這種內疚和遺憾的感覺，通常又會讓你想要繼續掩藏自己的才華。

你一開始可能是為了配合別人的期待，而拋棄自己創造的熱情。你可能只因為淺薄的想要博得他人的認可和欣賞，卻一手抹煞自己熱切的創造力。現在，你已經發現自己獨特的才能，你有機會讓自己的願望甦醒過來。如果你夢見那個人的死亡是因你造成的，那是代表**你自己做出決定，拋棄了自己的才能**。夢見萬人塚裡有許多具屍體，代表你身為團隊的一分子，有許多機會展露自己的才能。

- - -

這個夢是要提醒你：注意那些被你忽視的才能，要在日常生活中把它們發揮出來。你的潛意識發現一個嚴重的危險，儘管那是你有意識做出的抉擇。**你為了迎合他人的期待，正在放棄真正值得追求的事物**。然而不管你多麼努力去掩藏，你那份獨特才能都不甘就此蟄伏，總是在不恰當的時候冒出頭來。你不應該對自己的個人才華感到內疚，而是應該為它們灌注新生命。

雖然平常人大概也沒什麼機會碰見屍體，不過在大眾文學裡可有很多關於謀殺和屍體的故事，而那些死亡事件通常還籠罩著許多謎題。在那些故事裡，通常有一方想要掩藏屍體，而另一方則試圖找出真相。這些典型的推理故事，會跟我們掩藏才華引發的內疚感受相互呼應，也對應著我們都想知道原因，探索自己何以忽視自己的才華。儘管管家就是凶手實在只是老梗，但我們的確常常為了配合他人的需求，而忽略自己真正想要的事物。

39. SPIES AND SECRET AGENTS
間諜與密探

夢境

你覺得很不安，因為似乎**有間諜或密探在暗中跟蹤你**，儘管你想方設法要躲避，似乎仍然一直受到監視。雖然你一直試著說服自己要理性，不過還是懷疑自己的電話是否遭到竊聽，是否有陌生人在偷看你的個人資訊。你想跟警察局報告這些鬼鬼祟祟的事情，又害怕控制監視行動的其實就是他們。你覺得誰都不能相信，連要跨出一步都疑神疑鬼。

- - -

意義

夢見自己不停受到間諜或特務的監視，表示你在日常生活中正擔心洩露你隱藏起來的情緒或觀感。密探、特務代表那些你想隱藏起來，不讓他人探知的敏感情緒，而**間諜則表示你在無意中洩露自己的情緒**。當你刻意強迫自己做出某種表現，違反本性想要假裝成某種人，就可能會出現這類情形。你也許一向公開而誠實，然而當你想讓自己的作為符合某種理想形象，或者符合他人的期待時，可能就會出現這種情況。例如，在嚴格節食的時候，你可能因為偶爾偷吃餅乾，感到內疚而放棄節食計畫。

你不想承認原本的感覺，而是提高警覺的審查自己表現給他人看的情緒。這會讓你顯得相當疏遠，而且你可能會常常釋放出一些謎樣的訊息，既讓別人看不懂，又希望有哪個**心靈波長跟你相近的人**可以解開謎題，知道你真正想說什麼。害怕祕密戀情曝光或嗜好某種奇特情欲，都可能會觸發這種夢。儘管你小心翼翼的追求自己私密的滿足，謹慎的隱藏真實感受，它們還是會不斷的洩漏出來。**間諜和特務通常被描述成既有力量又有魅力，表示你的大膽冒險也會帶來自信和魅力。**

- - -

行動

這個夢就是要幫助你發現你一直想隱藏起來的權力和熱情。你可能羞於表露敏感的感情，認為這在某種方面對你不利。它們可能來自一些你並不太熟悉的領域，因此你擔心如果顯露出來，可能讓你想親近的人感到不適。然而**允許自己展示某些訊息，顯露出自己獨特的才能和真實情感**，不但可能博得他人的認同，也會釋放許多新機會給自己。

- - -

背景

間諜和特務是最常見的小說人物，他們通常被允許打破某些規則來達成目標。當他們執行重要任務或揭露真相時，常常扮演不同身分來掩飾自己的行動。他們往往是祕密組織的成員，跟我們常常想要保守自己某些祕密的行為相呼應。從詹姆斯·龐德（James Bond）到傑森·波恩（Jason Bourne），那些收集情報、揭開祕密，進而把握珍貴潛在機會的間諜和特務人員都令我們著迷不已。

40

沒爆炸的炸彈

夢境

你嚇壞了！突然看到一枚還沒爆炸的炸彈。你說不定還看到一個計時裝置，上頭有數字燈閃爍，或者一個滴答作響的小鬧鐘，而那枚炸彈可能有一半埋在地上。有時候，這枚炸彈還做了偽裝，看起來好像無害，或者有一個紅色的大按鈕，**如果你按下去，一切就完蛋啦**。也可能是一枚從天而降的核子彈，或者在天空畫出弧形軌道，帶著毀滅意味的飛彈。這枚炸彈或許不會爆炸，儘管它破壞了一些東西，但似乎永遠不會傷害你。

- - -

意義

夢到還沒爆炸的炸彈，表示你在日常生活中有機會完成重要的轉變。炸彈和炸藥通常代表累積的能量，而你對於釋放這樣的能量有點擔心。這種能量往往是因為**持續不斷的緊張和挫折累積**而來，你不知道什麼時候釋放才會顯得安全而正面。你不但不曉得如何有效紓解自己的怒火，而且很擔心整個狀況可能在你面前爆炸。倒數計時的裝置表示你越來越感到不耐，你覺得自己可能再也承受不了心中的不滿。半埋在土裡的炸彈，表示這些挫折都實際存在，不是毫無根據。

炸彈從天而降，表示你有個計畫或某些想法不斷的受到阻撓，或被一些草率的假設所質疑。夢中出現核武表示你可以**釋放出巨大能量，它會徹底改變你的生活**。但你又感到非常焦慮，害怕釋放出這麼巨大的能量會不會造成嚴重破壞，產生一些延宕難解的問題，使得你要花很多時間才能再繼續向前。儘管你很想表達自己的挫折感，卻害怕效果適得其反。緩和局勢的關鍵在於你自己，必須瞭解並選擇要不要按下按鈕的人就是你自己，是你在

控制整個局面。

這個夢是在警示你：**你擁有巨大潛能可以運用**，那是能夠發揮正面效應的重大改變，可是你正在壓抑，或是覺得自己必須壓抑。其實你應該要控制自己的能量，而非放任它被你無法控制的外在事件所觸發。你不能放任讓自己處於一觸即發的狀態，而是要先退一步，想清楚怎麼釋放自己的潛能，才會是最有效的做法。

當我們說到釋放怒氣或挫折感的時候，常用詞彙也都跟爆炸有關，比方說：「這件事再不成，我就要爆了！」對於一些計畫好的能量紓發，我們也會說某人或某事是個「引爆點」。雖然說到爆炸，我們通常會聯想到突然而意外的炸彈爆炸，但炸藥更常用於建設而不光是為了破壞，從採石採礦、開通隧道到一些土木工程，例如修建水壩等，炸藥都是為了除舊布新。

41

運動競賽獲勝

夢境

這是場勢均力敵的比賽,所以你知道自己占上風正往勝利邁進時,感到非常高興。儘管**面對對手的嚴峻挑戰,你全力回擊而搶得勝利的先機**。如果是在團隊比賽中,你就是那個關鍵人物,在你的協調指揮下,帶領全隊取得更多分。即使克敵致勝那一球不是你投的,大家對你的加入和運動技巧都十分肯定,讓你非常高興。

- - -

意義

夢見運動比賽獲勝,表示你在真實生活中正在思考要怎麼讓績效提升到最好,來達成自己的目標。夢見個人的運動競爭,反映出你個人最近所面臨的挑戰。儘管這個夢似乎是你跟誰在進行競爭,但實際上是你在挑戰自己,挑戰你擔心自己無法維持優秀成績的疑慮。**個人比賽的勝利,表示你克服了這些疑慮,提升了自己的格局。**而你必須拚命戰鬥來完成任務,反映出你下定決心,付出莫大心力以求特定的結果,其中也強調了你必須面對解決的許多不確定狀況。

　　如果是夢見參與團隊運動比賽,表示你正在思考如何跟他人一起努力來達成共同目標。雖然所謂的團隊也可能是指家人和朋友,不過通常是指工作領域上的人,代表你想跟同事一起努力來實現團隊的勝利。你越是能夠融入團隊之中發揮實力,你就越可能成功勝利。夢見團隊比賽,也可能表示你在團隊中還需要**適應和協調**,在競爭和個人需求上與團隊目標達於一致。夢見參加某種特定的體育競賽,表示你若要獲得他人的肯定,還要去觀察某些特定的法則和規定。

- - -

這個夢是要你挑戰自己，去解決你對自己表現的疑慮和恐懼。儘管你知道自己有些勝算，但還在擔心某些方面會是你的弱點。面對弱點，想辦法去解決，才會變得更強，才能爭取到更大的勝利。**你要面對的最大挑戰不是別人，而是克服你自己的疑慮和恐懼**。如果是身處團隊之中，要跟大家合作，而不是跟他們對抗，如此才能達成自己和團體的目標。

- - -

遊戲和比賽是人類活動的重要部分。儘管這些活動沒有什麼實際上的目的，但它們可以**測試人在不同情境下的反應**，也是學習探索新機會的重要方法。遊戲逐漸進化後，變得更為組織化，慢慢就發展成正規的運動和競賽。這些體育活動是評估能力的重要方式，而我們對於自己熱衷的運動，常常比工作還要認真。不論是個人或團隊，運動員面對挑戰、克服逆境爭取最後勝利，都非常振奮人心。

42

穿錯衣服

你要出席公共場合，通常是要去參加一場重要會議，卻突然發現自己穿錯衣服。**雖然你的衣著有些平常，但某些裝扮卻顯得非常不恰當**，或者欠缺了重要配件。也許是陰沉嚴肅的西裝，卻配上顏色鮮豔而誇張的帽子，或者你一直覺得自己穿錯鞋了。也可能是發現穿錯別人的衣服，覺得跟你一點都不搭，讓你很不舒服。

- - -

如果是夢見自己穿錯衣服，表示你在日常生活中對於自己出現在他人面前的樣子感到焦慮。衣著是別人對我們產生印象的基礎，我們對於服裝，通常也是依據自己想要呈現的樣子來做選擇。如果想要表現得正式而幹練，可能會穿著俐落的西服和不過分花稍的鞋子；如果要表現出自己是群體中的一員，那就要穿跟大家類似的衣服，也許是制服，也許是符合最近流行趨勢的服裝打扮。

　　穿著也是地位和身分的指標，因此夢見穿錯衣服，也可能**代表你想展現的跟實際狀況有所差距**。遺失配件或穿著不得體，通常就是在反映這種本質上的差異。要是發現自己戴錯帽子，表示你覺得自己的想法不恰當，或者你在某個情境中扮錯角色。夢見穿著輕佻服飾，例如小丑裝扮，表示你對某些事情可能不夠認真對待。穿錯別人的衣服，特別是穿錯別人的鞋子，表示你**希望變成一個自己無法成為的人**。不合身的衣服，表示你無法適應，或你不想妥協。

- - -

行 動

這個夢是要提醒你注意：你自己的實際狀況跟你想要呈現出來的樣子之間有多大的差異。你以為自己想要，就能呈現出特定樣貌，但這個夢叫你不要以一種不自然的方式表現自我，而必須考慮在特定情境中做出不同的表現。在某些時候，我們似乎很容易想要掩飾自己的才華，然而與其虛飾偽裝去迎合他人的期望，還不如針對不同情境的本質，思考要怎麼**展現自己的獨特個性，到時你就會發現自己更能融入周遭環境**。

- - -

背 景

人類大約是從七萬年前開始穿衣服，而服裝的原始功能是在惡劣環境和莫測的氣候變幻中提供保護。雖然人類穿著衣服的歷史並不長，但服裝已經成為地位或群體從屬關係的表徵，**因此我們所穿的衣服已經不再只是提供簡單的保護功能**，還帶有廣泛的身分宣示意味。雖然對於身分的某些部分，我們會想要加以隱藏，但在某些奇裝異服的宴會或各種傳統節慶場合中，我們還是會藉由服裝來展示一些我們刻意隱藏的特質。

43

STARRING IN A MOVIE
電影演出

夢境

你前一刻還很確定自己只是在做些很普通的事情，下一秒卻突然意識到自己其實是在某部電影裡扮演主角。你是故事裡的中心人物，配角和其他演員似乎也都真誠的接納你。雖然導演會給你一些指導，不過你自己就能流暢的說出對白，也知道劇情要如何開展。這個故事蕩氣迴腸壯麗非凡，**你成為眾人關注的焦點，感覺超開心**。你也許還會上電視，面對鏡頭侃侃而談，根本就不必看腳本小抄。

- - -

意義

夢見自己在鏡頭前表演，通常表示自己在日常生活中已經開始看到一個更大的格局。這個夢顯示你平常花了許多時間來照顧他人，為了確保事情順利成功，而擔負了許多幕後工作。如今**你在夢裡成為主角，表示你開始注意到自己的需求，思考該如何活出自己想要的人生**。在電影中擔任主角，表示你想在日常生活中實現長期願望，必須先肯定和展示自己已有的成就，這是非常重要的一部分。

當你在真實生活中開始肯定自己的成就，通常就會對自己更有信心。這種相信自己的感覺會指示明確方向，也會讓別人更容易肯定和讚賞你的作為。你不必坐等別人來告訴你要做什麼，你可以很高興的由自己採取行動，知道自己該怎麼說、要怎麼做。能見識到這個更大的格局，表示你擁有資源和經驗來創造出一個不同以往生活的故事。**夢中那位導演，就是你內在的智慧**，它正鼓勵你發揮也許久被忽視的才能和技藝，自信而自在的揮灑。

- - -

行｜動

這個夢要說的是：**你就是自己人生故事中的主角**，而不只是在別人的戲裡扮演臨時演員。你不必等著別人來決定要做什麼，發號施令、發起行動的人應該就是你。你越是能夠讓自己努力朝向目標邁進，就越不需要旁人來指指點點。你要讓大家見識到你的才能，他們也就會肯定你的功勞。

背｜景

坐在黑暗的戲院裡看電影，是我們所體驗過最夢幻的經驗之一，當面前銀幕開演之後，我們都沉浸在故事之中。正如同放映機把主角投射到銀幕上，我們也會把自己的身分和需求投射到電影中的角色。那些我們欣賞的電影明星，會成為我們個性上的神話象徵，告訴我們該如何**展現自己獨一無二的特質**。銀幕上的行動反映出我們的故事，告訴我們要怎麼得到希望的快樂結局。

44

受到槍擊或被刀子刺傷

暴徒拿槍或刀對著你，你震驚的發現子彈或刀子刺進你的身體。雖然你急忙捂住傷口，以阻止鮮血流出，還是質問對方為什麼要傷害你。你害怕自己再次受到攻擊而逃跑，暴徒尾隨在後準備再次攻擊。儘管你已經受傷，也似乎沒有辦法可以保護自己，但你還是跑得動，行動似未受阻。

- - -

夢見遭受槍擊或刀子刺傷，代表你在日常生活中**覺得自己被迫做某些違背自己意願的事情**。槍和刀通常代表有人運用他們的權力強迫你，如果你不配合的話，可能會有什麼不好的後果。槍擊射出的子彈，代表某些你感覺違背自己意願的事情所帶來的傷害。跟刀子比起來，槍通常顯得更缺乏人味，其攻擊距離比刀子大得多，因此它通常代表你在專業領域中**受到威脅**的感覺。反觀刀子則屬貼身攻擊，被刀子刺傷則代表你在人際關係上受到的痛苦。

儘管槍傷或刀傷一定很痛，但你卻比較關心動機問題，而不是傷害本身。雖然這場夢中的攻擊似乎找不出原因，但這個夢通常是指明：在真實生活中的某個場景，**你的表現可能就像個受害者**，使得他人輕易的挑上你作為洩憤對象。你不站起來保護自己，就會成為各種明槍暗箭的攻擊目標。你試圖從這個狀況逃走，表示你覺得難以正面對抗這些侵犯，結果反而讓大家繼續攻擊你。捍衛自己最好的方式，就是鼓起勇氣主張自己的需求，讓那些毫無根據的批評指責轉向。

- - -

這個夢所帶來的訊息是：你正允許他人憑藉其權力凌駕於你，因為你沒有挺身制止。儘管你自覺軟弱，但這其實正是因為你不敢運用自己的權力，不敢主張自己真正的需求。你一定要**直白的主張自己的權益，確保自己的需求得到真正的承認**。你可以更加自信的挺身為己，就更不容易讓別人看輕，他們就不敢來占你的便宜。

- - -

使用武器的主要目的，就是為了剷除他人的影響力，或強迫對方做出特定的行為。**槍跟刀都是個人武器，因此是象徵那些以勢力凌駕他人的人**。雖然在日常生活中，我們不常真正看到這些武器，但是在許多電影和故事裡卻是屢見不鮮。從經典的西部片到晚近的謀殺推理，那些受害者都是受到刀、槍的攻擊而屈服。這個主題在戰鬥式電玩中持續呈現，玩家的成績通常是根據他們運用虛擬武器的技巧優劣。

45

走錯路

夢境

你很確定自己知道要去哪兒,但不曉得因為什麼原因,你好像走錯了路。你很想趕快到達目的地,卻發現**目前正在走的路讓你越走越遠**,你覺得很驚慌。你想改變方向,但好像找不到哪條路可以通向你的目標,你也不知道該往哪個方向走。你試著減慢速度,甚至停下來,希望找到自己應該前進的方向。

- - -

意義

夢見走錯路,表示你在生活中覺得自己並未朝著真正想要達成的目標前進。你以為順著目前這條路走,可以完成願望,但你的目標似乎變得越來越遙遠。你可能以為自己擁有選擇方向的自由,但是你的決定常常受到環境、同儕或父母的壓力所影響。雖然你目前正在走的路線可以預測、也很安全,是能夠被社會接納的,但**你開始明白,你並不想一輩子走這條路**。那只是大家認為你應該過的生活,卻不是你真正想要的生活。

當你下定決心要走那條路之後,就開始明白你自己並不特別滿意,也絕對無法帶來你想要的滿足。儘管你想停下來,但是想要讓這一切停下來所需的決心,似乎比你當初選擇要走這條路時還要大。繼續走目前這條路好像比較容易、也比較安全,**改變方向總是要冒險**。正如很多人走過的道路,總有許多引人陷入的車轍舊痕,你現在也覺得難以自拔。你甚至發現要慢下來也很困難,因為你不想再面對那些過去所做的種種承諾。

- - -

行
動

這個夢的訊息是：你渴望取悅他人，會讓你無法到達自己真正想去的地方，因此你要好好思考一下，到底是誰或什麼事物才會讓你成功。你要考慮的不是別人能不能接受，而是**自己真正的生活目標是什麼**，因為擁有目標比起光是只有計畫更具威力。計畫可能因為意外事件而受阻，而目標則永遠可以提供你重要的動力，那是你生命中真正想要達到的地方。

- - -

背
景

「目標、目的地、終點」（destination）這個字源自拉丁文destinare，意思是「建立目標，選擇你要去的方向或地方」。目的地通常被認為是個地理位置，**但我們此生所進行的旅程，大都是為了履行生命中的個人命運**。老祖宗們可能認為自己命定前數，無可更改，不過我們在現代文化裡擁有許多選擇，讓我們去發現自己的真正目的，也提供許多方法來實現它們。你越能忠於自己的目的，就越明白也越肯定自己最後要到達哪裡。

46

FORGOTTEN BABY

忘記嬰兒

夢 ↓ 境

你發現自己幾年前生了個嬰兒，卻忘得一乾二淨，直到現在才想起來，這讓你嚇壞了。**你原本是在尋找什麼，結果卻在抽屜或櫃子裡找到那個嬰兒**。儘管你根本就忘了好幾年，他還是活著，所以你馬上照顧他，餵他吃東西。你不敢相信自己竟然拋棄自己的寶寶這麼久，你內心充滿了歉疚，非常自責。對於你重新施予的**愛護和關懷**，寶寶通常馬上有所反應，很快就恢復健康，成長茁壯。

- - -

意 ↓ 義

夢見忘記嬰兒，表示你想起過去某個令你樂在其中的辛勞創造，但後來因為某些原因而捨棄。**嬰兒象徵你非常珍貴的某個部分**，代表你所擁有的獨特志向或才能。你一直忽略這個天賦，如今它正尖叫著，要你在日常生活中注意它。儘管你不敢相信自己完全忘了這個嬰兒，但你很清楚，當時因為環境因素而不得不捨棄這個很棒的天賦。你把它包起來，放在一旁，或儲存在安全的地方，希望自己可以很快再回來照顧它。

　　但是日子繼續過下去，總有那麼多的事情要先做，有那麼多的責任要承擔，於是你的寶寶漸漸被你忽略，乃至遺忘。然而不管當年你是出於什麼原因將它擺在一旁，你其實還是希望有一天可以再回來照顧它。雖然寶寶現在看來可能又瘦又醜，他仍是活蹦亂跳，可望恢復健康和活力。**對於你忽略自己的寶貴部分，你感到非常內疚，但重新找回最愛，探索自己遺忘的潛能，是永遠不嫌晚的**。這個嬰兒就是你**豐富想像力的種子**，你以前把它帶進你的生活，現在你要鼓勵它成長茁壯。

- - -

行　動

這個夢是要告訴你：你擁有一些精采的技藝或才能，但多年來都一直被忽略。或許在你必須配合許多要求的時候，你可以輕易說服自己忽略個人更深層的需求，但現在機會來了，你可以撥出一些時間來開發自己的獨特才能。雖然要恢復舊觀可能得花一段時間，但**你本來就擁有必要的創造能量**，足以進行培養和發展，讓它完全成為你自己的。

- - -

背　景

親子之間的連結是最強也最直接的關係之一。嬰兒出生後，一切都要靠父母打理照料，直到他可以照顧自己為止。這個連結的意義是，為了嬰兒的福祉，父母幾乎是任何犧牲都願意。當我們說到自己內心某些想法時，可能稱之為「我們的寶貝」，如果我們忽略這些計畫，可能就會覺得自己拋棄了自己更**深層的需求**。我們的創造力往往可以帶來深刻的影響，正如我們所創造的新生活一般。

47 LIFE-THREATENING ILLNESS
病得快死了

夢境

你身邊親近的某人雖然一向很健康，卻傳來罹患致命疾病的消息，你感到非常震驚。這個疾病可能帶有相當明顯的形式，例如：癌症腫瘤、病體支離骨瘦如柴、氣息奄奄的心臟病患或者某些臨終症狀。雖然這個疾病似乎無法可治，你還是**祈求奇蹟出現，拼命想找到哪個醫生可以救治病人**。你也可能是夢到自己病了，儘管你在真實生活中知道自己很健康。

- - -

意義

夢見某人生病危及性命，表示你在日常生活中可能正受到某個狀況所影響，情緒或情感上不太健康，很可能是跟戀愛有關，讓你感到不安卻又無法可解的戀情。也許你是努力去處理了，不過現在你突然覺得自己不可以再這樣繼續下去。**如果夢見的病情是癌症，表示你生活中的某些狀況可能擴大蔓延，日益失控**，甚至侵入其他領域。這種難以控制的滋生蔓延，會讓你覺得元氣大傷，好像從內心裡被啃食殆盡。

如果是心臟相關疾病，可能代表你正處於一段自己無心維持的關係裡。你不該抱持無可救藥的浪漫想法，讓你自己承受不必要的心痛，最健康的選擇是去探索**表達真愛的方式**。跟胃有關的疾病，表示你覺得目前環境難以帶來你想要的成就感和滿足。你不該一味的逆來順受，而是要嘗試一些別的辦法，來滿足自己的期望。如果是消耗性疾病，通常代表你覺得自己在浪費才華和機會。雖然你希望一切都會突然變好，但最好的辦法就是趕快採取一些積極行動。

- - -

行　動

這個夢的診斷是：你現在正處於某種不健康的狀況。就跟我們的身體一樣，你的希望和願望也有很棒的再生能力，可以自行恢復活力，然而你讓自己長期處於慢性緊張和壓力之下，導致這種自我療癒難以降臨。目前的情況看起來似乎別無選擇，不幸的結果好像不可避免，可是要重獲健康而平衡的生活，總是有辦法的。**你能夠為自己的幸福扛起越多責任，你的未來就會越健康、越有活力。**

- - -

背　景

雖然我們可能都沒有病到快死掉的經驗，但在八點檔連續劇裡可看過不少醫院或手術的場景。在戲中，我們看過很多致命疾病的描述，有時候那些病人又奇蹟式的康復，恢復了健康和活力。英文「療癒」（heal）源自古英文haelan，意思是「恢復完整」，現代英文中也還保留著「精神矍鑠、身體健康」（being hale and hearty）的說法。真正感到健康，通常就是要採取積極行動，**讓自己覺得完整，沒有缺憾。**

48

遺失貴重物品

夢↓境

你失去了一些貴重物品,也許是很值錢的東西,對你來說更是具有很高的情感價值。丟掉的也許是你的錢包,當你要付錢或找什麼東西,才發現它不見了。裡頭除了一些錢之外,可能還有你的身分證、駕照。你不敢相信自己怎麼這麼不小心,你覺得它可能被偷了。

- - -

意↓義

夢見失去貴重物品,代表<u>你在日常生活中常常思考自己對自己的評價,以及別人對你的評價</u>。遺失貴重物品,表示你的潛意識覺得自我價值受到某種方式的貶損,你不知道該怎麼恢復原本健全的自尊。這種感覺通常是因為個人狀況的變化所引發,認為自己的價值沒有獲得足夠的肯定,或不像過去那樣受到讚賞。這常常是因為你的財務狀況發生變化,或某個原本親近的人不再支持你。

你的內心深知自己的價值,可是丟了錢包,不能付錢買下某件東西,讓你感到懊惱,這反映出你因為自己價值沒受到他人肯定而**感到挫折**。遺失身分證和駕照,表示你缺乏自信,不敢參加一些你真的很想去的活動。以為自己的東西被偷,表示你懷疑別人剝奪你未來的機會,因此而貶損你的價值和地位。然而,維持你的自我尊嚴,讓別人都知道你的**價值的最終權力,還是在你自己的手上**。

- - -

這個夢是要幫助你恢復持久的自我價值感,讓你重新建立向他人展示重要價值的能力。就如同我們要找回失物會回想之前去過的

地方一樣，這個夢是幫助你回想你所身處的境況，用一種更為寬廣的角度來解讀。你**不必因為自己的處境而去指責他人**，而是要利用這些變化，創造出一些新的機會。要恢復自我價值最好的辦法，就是讓你回歸自我，**把心力放在自己最珍貴的地方**，把它發揮出來，而不是一再的計較他人的視線。

- - -

我們常常用物質累積出來的價值來衡量自己的成功，而這些貴重物品也常常被看作是自我價值的有形體現。然而物質往往並不是它本身帶有多高的價值，事實上通常也都可以被取代。有些東西實際上可能沒有多大意義，也不具備什麼魔力，只是反映出我們展現尊嚴時，所賦予它的價值。那些貴重物品所顯露的價值，其實是激發我們，讓我們珍視自己的價值。

49

STALKED BY A PREDATOR
被掠食動物追蹤

夢境

你確定有什麼動物或怪獸正在追蹤你、監視你。 你警覺到可能是危險的掠食動物，像獅子、老虎之類正尾隨在後，準備撲上來。這隻掠食動物通常是隻獅子，牠就出現在你熟悉的地方，例如：你的工作場所，或你家附近的街上。或者，你發現是隻老虎，牠在後頭追趕，你只是稍稍瞥見。有時候，可能是隻躲在陰影中的黑豹，牠再次消失在黑暗前，讓你嚇了一大跳。

- - -

意義

夢見掠食者尾隨，表示你正擔心自己個性上的某些特質似乎顯得危險而難以控制，因此而耗費你的資源。**動物通常象徵你的本能和不受壓抑的衝動**，而在日常生活中，你小心的監視這些感覺，試圖控制它們。但是，不管你多麼費心的想要控制或忽視它們，**你的情緒似乎總是潛伏在陰影之中**，準備在某個你感覺脆弱的時候，趁你不注意就一躍而出。這種害怕成為感情獵物的焦慮感，通常表示你很不願意跨入一個全新而未知的處境。夢中所出現的動物，就代表它所指向的**本能衝動**的本質。

　　如果是獅子糾纏你，表示你缺乏信心能自豪的展現自己的才華。雖然你相信自己有這個能力，卻害怕他人伺機而動，發現你犯錯隨即撲上來。老虎通常象徵強烈的獨立性格，因此夢到老虎要把你吃掉，表示你很想展示自己的獨特個性，卻又害怕因此顯得太超過，讓別人難以親近。黑豹代表無意識的隱藏力量，黑豹尾隨在後，代表你覺得無法控制自己的潛在動機而顯得軟弱。其他的掠食動物，如熊或狼等，代表你擔心自己無法保護親密者的安全。

- - -

這個夢是要讓你明白：你在展示本性和能力時太過膽小。你害怕自己的行為可能失控，害怕別人會認為你太過危險、破壞力太強而排斥你。你的本性雖有可能帶來破壞和混亂，但它們也有能力找到那些你很可能錯失的機會。**你不該把自己的本性鎖住，而是要注意探查自己的本能衝動，用心觀察自己的行為**。你對自己的本能行為越瞭解，就越有信心展現真正的自我。

- - -

儘管大多數的人不會每天都跟危險的掠食動物打交道，但我們都很熟悉一些獅子、老虎等猛獸的故事。我們從小就看過一些像《叢林奇譚》（*The Jungle Book*）或《獅子王》（*The Lion King*）的書籍或故事。大多數人後來也都喜歡觀賞野生動物紀錄片，看到那些大型猛獸如何狩獵捕食。我們在語言中也常常引用這些動物的特質，例如：「獅子般的驕傲」，或形容某人特立獨行而強悍不羈，像頭「猛虎」。

50

令人害怕的閣樓

閣樓一直有些奇怪響聲，你不知道那裡到底有什麼。莫不是鬧鬼了吧？你聽到地板吱吱作響，可是那裡明明沒人呀！你聽到上頭傳來喃喃語聲，有時候讓你覺得閣樓裡的東西好像自己在移位。**你不敢上那兒瞧個究竟，害怕碰到鬼**，但又覺得應該去看一下，好讓自己安心。

- - -

夢見閣樓，代表你在日常生活中正在思考一些過去的記憶和想法。房子裡的不同房間，代表你個性上的不同面向，**閣樓就是房子的頂樓，因此它代表你的頭部**。閣樓通常作為儲存之用，因此裡頭的東西就代表你留著以後用的計畫和想法，不過通常也都是你過去因為環境因素而捨棄的。如今在你的真實生活中有些事情發生了，因此又讓你想到過去的那些計畫，讓你<u>迫不及待</u>的想要翻找它們。

樓板吱吱作響的聲音，代表你需要上去把自己的想法拿出來，拿回真實生活中，而你聽到的喃喃語音則是你真正想讓大家知道的想法。你懷疑閣樓裡的東西自己移位重新安排，表示**你自己的腦袋正把那些想法東挪西移，重新組合成深富創意的全新計畫**。探索自己過去的希望和想法，有時候是相當可怕的，因為它讓你想起自己過去是怎樣的人，還有那些在你生命中曾經想要完成的事情。儘管你以為自己早已捨棄那些希望，其實還都儲存在腦海裡，等待適當時機召喚出來。

- - -

這個夢所帶來的訊息是：你開始意識到某些過去的想法和觀念又回來了。你或許早就忘了，不過在某些事物的觸發下，又把它們帶回真實生活裡。**你不該再把門關上，希望它們就此消失，而是該以開放的心胸接納它們可能帶來的機會。** 目前雖然很難具體的把握那些想法，但只要你更努力探索和理解，它們就會逐漸變得具體起來。

- - -

夢裡的房子通常就代表我們自己，而房子的閣樓就是我們身體的頂部，也就是頭部。正如閣樓經常作為儲存之用，我們的腦袋裡也裝了一些希望日後派上用場的東西。就跟我們會在閣樓上找到需要的東西一樣，我們也會說：為某個想法「撣去灰塵」，或者讓某項計畫「重見天日」。英文attic這個字除了「閣樓」的意思之外，也指「鼓室上隱窩」（epitympanic recess），即中耳上半部的窄小空隙。

51

無法通過的障礙

你想去某個特定目標,卻碰到一個似乎過不去的障礙,擋住你的路。這個障礙可能是湍急的大河、高聳的懸崖、寬闊的峽谷,或是難以穿越的森林等大自然阻隔,也可能是爬不過去的高牆,或僅僅是一道上鎖的門,讓你不能再前進。**每當你試著要通過障礙,就充滿了無力感,深深感到焦慮**。就算你想從旁邊繞過去,往往也無隙可趁,望牆興嘆。

- - -

夢見難以逾越的障礙,表示你在日常生活中不斷的遭受挫折,似乎讓你難以前進。雖然不見得天天都這樣,但總是以某種方式把你往後拉。這些障礙物似乎是具體有形的外在物質,但其實通常是你心裡那些圈限自己能力的負面想法。你在生活中經驗到的斷裂或不安,造成你對自己缺乏信心。如果障礙是條大河,代表**困擾你的是情緒或情感上的不安**;如果是巨大的裂口、峽谷,那麼阻礙前進的是你的思維方式;碰到懸崖或高牆,通常表示你認為自己缺乏足夠資源才前進不了。

雖然障礙阻擋你的前進,但它同時也是你感覺脆弱時的屏障。**它不但會阻礙你邁向未來,對於未來進步與實現的焦慮和擔心,都會是一種頑固的自我防衛**。你在夢中試著繞過障礙,表示你在真實生活中也努力想要繞過那些挫折感。你雖然沒有正面迎向障礙,但已經發展出一些應對機制來處理。可是虛以委蛇也只能讓你走這麼遠而已,還不如突破自我設限的障礙,才更能有效的把你送到對岸。

- - -

這個夢的訊息是：你可能需要盡快解決這個問題。儘管這個障礙看來堅不可摧，但最困難的地方就是它的弱點。你不該沉溺在自己的軟弱之中，而是要**運用自己情感上的力量，找出真正牽絆住你的阻力**。以正確的方式來看待那些挫折，你面對的障礙也會相對縮小。當障礙縮小到可以處理的程度，你就可以克服它，走向全新領域的機會。

- - -

我們常常以現實世界中具體的外在景觀來描繪內心世界。當思考或情感碰到障礙時，我們會說「碰壁」。在處理一些心理障礙時，我們會說「跨越橋梁」就能如何。通過具體地形地貌的描述來傳達內心狀況，讓我們可以表達自己的處境，同時提供方法來克服一些潛在的阻隔障礙。

52

不合時宜的親膩行為

你發現自己想在某種奇怪的情況下或環境中做愛，可能是在公共場所。雖然**你覺得很尷尬，因為身邊有那麼多人都會看見，不過好像沒人注意到**。或者，你的確是在一個應該很隱密的場所，卻不斷被一些人用最瑣碎的小事干擾而分心。或者，你在工作場合和同事做愛，但在現實生活中，你並不覺得對方有什麼魅力，或者夢到你在做愛時，還在忙著處理什麼雜七雜八的事情。

夢見自己在不尋常的環境中做愛，表示你的日常生活中有某些事情意外的發生了，它正在鼓勵你更深入的認知讓你感到振奮的獨特才能。夢見做愛，幾乎毫無例外的是代表**要更深入的瞭解自己的能力，而不是真的想做愛**。夢到想在公眾場所做愛，代表你比較想在私底下發展這項令你振奮的新技藝，而不想在讓你覺得**脆弱和暴露**的公共場所展示。你現在可能覺得不適合在公共場合體驗這個層次的興奮，諸如你的工作場所之類的，而沒人注意到你，則代表**大家對你的特殊才能，其實都很有信心**。

雖然你想找到一些隱密空間，全神貫注的探索日益升高的自我意識，卻發現自己不斷的被打斷和干擾。這表示你想發展自己的新才能，讓自己知道怎麼充分運用，但投入的時間和空間都還不夠。跟你做愛的同事，雖然在真實生活中可能不吸引你，但你的潛意識卻很欣賞他的某些特質。這些特質不是浪漫情愫，而是一些專業能力或處理某些特定狀況的才能。當你越是瞭解，越能接納自己的能力，這些巨大的振奮和驚奇感將會超越原本的例行感覺。

行動

這個夢的訊息是：你對自己性格中某個獨特部分，開始有更多、更深刻的認識。但是因為你覺得那個方面是屬於非常個人的部分，而且你也不太確定該怎麼控制，所以你通常把它們隱藏起來。但是在你逐漸認識到之後，你對新才能的興奮和熱情，漸漸讓你覺得難以壓抑。**你不該再壓抑自己的表現才能，而是要為自己創造出個人的空間和時間**，讓你更深入理解要怎麼充分運用自己的才能。

- - -

背景

做愛是生殖繁衍的過程之一，因此跟創造的概念緊密連結。我們會因為一些新計畫和新想法感到振奮，口語上常會說「孕育新想法」或者是讓某事「誕生」。能夠創造出獨特物件的能力尤其令人興奮，特別是在發想階段所面臨的似乎是無窮無盡的新機會。而在創作過程中，創作者必須做更深層而隱密的表達，因此也是非常耗費心神和精力的過程。而且，**要完成獨特的創造，往往也需要創作者不顧禁忌的勇敢表達**。

53

生死搏鬥

你無可脫逃的要進行一場生死搏鬥,面對一些既強大又危險的對手。不管你怎麼拚命的拳打腳踢,每一招都被對手擋住,你覺得越來越絕望,自己絕對不可能打得贏。你覺得這場戰鬥的唯一結果,不是你死就是我死,沒有其他可能。你的攻擊似乎毫無效果,你的對手根本不把你放在眼裡,他們大部分的時間都是在嘲笑你可憐的拚命。

- - -

夢見進行生死搏鬥,表示你在日常生活中可能正面臨維持自我存在的威脅處境。在現實生活裡,這種威脅通常相當瑣碎,那種非生即死的感覺往往是因為自己的脆弱所引發的。你覺得**為了保護自己個性上某些敏感部分,你必須每場爭執、衝突都要打贏,不管那是多麼瑣碎的事情**。雖然你很想在生活中展現自己堅定而強大的形象,你的某些部分卻覺得自己軟弱無力,不能保護自己。你覺得別人可能針對你明顯的弱點展開攻擊,因此你拚命的保護這些脆弱的地方。

　　你的一招一式,對手都能完全封擋,這是因為這場搏鬥實際上是你內心裡的**自我衝突**。你不去肯定、欣賞自己的才能和技藝,反而把所有的時間都花在保護自認有缺陷的地方。你拚命的想要消滅自己的弱點,在這個過程中,反而忽視了自己的長處,結果感覺自己更加脆弱。**你該進行的戰鬥,不是去消滅你盔甲上的裂痕,而是去接納它們。**明智的潛意識瞭解這一點,因此在你拚命假裝強大的時候,才會如此逗弄你。

- - -

行 動

這個夢強調的是：你總是盡最大努力來實現目標，但你要仔細的想一想，自己的力氣是否用對地方，而你正與之對抗的力量到底是什麼。在東方武術裡，有些最屬害的招式其實是**借力使力，以對手之力來克敵致勝**。而要做到這一點，最重要的就是要接受自己的缺陷和弱點，對自己的弱點越是包容，你才能變得越強。

- - -

肯 景

在各種信仰和文化之中，都有些根本傳說涉及到英雄兒女與強大敵人進行殊死鬥爭的故事。儘管這些故事可能來自真實的戰鬥紀錄，但**生死搏鬥的概念很快就在運動和比賽時轉化為一種儀式**。這在羅馬的格鬥士文化中十分盛行，如今則變成大家比較能夠接受的拳擊或武術比賽。現在流行的電玩遊戲，有很多也是源自這種生死搏鬥的概念，玩家的成績取決於消滅了多少虛擬對手。

54

嘴裡塞滿口香糖

你的嘴裡都是些黏糊糊的東西，像是口香糖。你越嚼，它就變得越大，像是要塞滿你的嘴巴。你很想吐掉，似乎又吐不出來。你想用手指挖出來，它則是變成一團黏兮兮的泡泡。你感到很焦慮，害怕牙齒裡的填充物會被拉出來，傷害你的牙齒。想要吞下去，又怕會噎到，讓你覺得非常不舒服。

- - -

夢見自己滿嘴的口香糖，表示你在日常生活中有些事情想說出來，卻又難以表述。夢見吃東西，是象徵一些可以讓你獲得更深刻成就感的活動。而不停的咀嚼口香糖，則表示你似乎正在進行一項消耗許多心力的活動，但你沒有因此獲得什麼滿足感。這個活動往往是你為別人做的，雖然剛開始的時候你還挺起勁的，但很快就失去興致，如今更成了沉悶的苦差事，讓你覺得自己只是虛應故事罷了。

你很想說出自己擔心的事情，卻害怕如果真的說出心裡的想法，會造成棘手的局面。你花了很多時間，仔細咀嚼這個問題，思考要用最平和的方式來處理。雖然它一開始只是個小問題，現在卻膨脹成一個大難題。你的牙齒代表你的個人力量，擔心牙齒受到傷害，代表你害怕把話全部說出來，會讓你的力量削弱。然而，**釋放挫折最好的辦法，就是說出心裡的話，一吐為快！**

- - -

這個夢是在你感到難以表述時，鼓勵你**大聲説出自己的看法**。儘管你為人溫和，說話流利，現在要說出自己對目前狀況的感覺卻相當困難。你自然而然的想讓自己要說的話顯得委婉，以避免別人的緊張和不高興。然而你越是不能說出自己真正想說的話，你就越可能陷在同樣的處境。勇敢說出真話，才能讓你知道自己可以成為什麼樣的人。

- - -

許多人，特別是牙科醫生和牙齒矯正師，認為嚼口香糖的夢跟磨牙有關。他們認為是因為睡眠時磨牙產生咀嚼感，才會夢見嚼口香糖。其實正好相反，**睡覺磨牙常常是因為人們感覺難以表達自己的真正情感**。在日常生活中碰上這種狀況，就可能夢見嚼口香糖，而這個原因也會引發磨牙。當他們解決這個問題，能夠說出自己真正想說的話之後，通常就不會再夢見無休止的嚼口香糖，也不會再磨牙了。

55 | STUCK IN MUD
身陷泥沼

你好像身陷泥沼，發現自己很難移動雙腿。泥沼中通常就是泥土和水，不過你發現自己也陷入一種黏糊糊液體，像是流砂或是奶油。也許剛開始的時候，你是走在堅實的地面，現在卻已身陷泥沼。感覺上，你似乎還可以向前傾，頭跟手都還能動，但兩腿就是動不了。**你越是用力掙扎，你就越感到難以移動，必須使出許多力氣才能前進。**

- - -

在你的夢中，**腿代表在生活中推動你前進的基本欲望**。夢到兩腿被限制住，表示在日常生活中有某些東西妨礙你前進。讓你不得前行的，並不是什麼特定障礙，而是黏糊糊的液態泥沼，表示某種較為廣泛的狀況正以某種方式讓你舉步維艱。夢裡的液體通常反映出你的情緒或情感，因此儘管你以為自己踩在硬實的地面，如今這個情況卻讓你感到下沉。雖然泥巴是最常夢到的，不過也可能是夢見自己正費力跋涉糖蜜或奶油醬。這表示你之前可能還覺得挺有趣的，但現在卻發現自己好像被困住了。

你目前的情況，通常是因為情緒或情感上不夠澄明也不夠確定所導致。儘管你想大步向前，卻覺得自己陷入混亂泥淖，那個**心理上還沒解開的情況讓你無法前進**。要解決這個特殊狀況，你不能繼續沉溺在自己的情緒裡，而是要在你所處的位置**採取強硬的立場**。你對自己所處的位置越清楚，你就能越快恢復前進。你的頭還能向前傾，代表你在理論上明白哪些事情需要完成，但理論歸理論，如果你不採取一些實際行動，擺脫現在這個麻煩處境，還是什麼事情都不會發生。

- - -

行動

這個夢的訊息是：你要少想多做，採取實際行動讓自己前進。你不要在理論上打轉，認為事情應該要如何處理，而是需要開始將你的計畫付諸實行。**你別想一次就全部搞定，要一步、一步向前走。**剛開始這幾步也許要多花點力氣，而且你很可能因為覺得進展有限而輕易放棄。但是，你如果能累積更大的動能，你就越容易邁向嶄新的未來。

背景

儘管現在有機械動力運輸和種種旅行方式，我們最主要的移動方式還是我們的雙腿，在語言中，也能看到許多跟腳有關的詞彙，用來形容移動。我們會說「時間匆匆前行」，「我們要採取必要的步驟」，採取某項計畫「先讓它走一遭」等。我們走路或奔跑時，總是會選擇堅實的地面，因為它能提供穩定而一致的支撐。在你睡著之後，如果腳被床單或被子纏住，也可能會產生兩腿被絆住的感覺。

56

NEGLECTED ANIMAL

遭到棄養的動物

夢境

你聽到盒子或櫃子裡傳出嗚咽聲，打開後發現一隻被棄養的可憐動物，你感到非常心疼。這隻動物通常是家庭寵物，不知怎麼竟被棄養。牠通常是又渴又餓，所以你急急忙忙準備食物和水，希望牠可以恢復活力。你擔心牠的安危，又對這麼漂亮的動物遭到棄養而憤怒不已，想找出到底是誰幹的好事！

- - -

意義

夢見被棄養或遺忘的動物，表示你在日常生活中不自覺的忽略了某些自己的天性本能。在盒子或櫃子中發現的動物，代表你因為某種原因想要掩飾的天性。通常是因為在日常生活中的某種狀況下，如果想跟別人和平共處，似乎最好必須隱藏自己的真實感受。遭棄養的動物通常是家庭寵物，表示被忽略的可能是**你對無條件的愛情和親情的需求**。如果你覺得親近你的人正渴望你付出情愛，通常會讓你感到憤怒。

　　你發現的動物種類，代表你忽略的感情性質。狗和小狗代表你對忠誠和情愛的感覺，因此發現被棄養的狗，可能是你覺得身邊親密的人背叛你；貓和小貓，代表你需要多點獨立；兔子表示你可以健康成長；魚代表你需要一再的沉浸在自己的感情之中。比較大型的勞役動物，例如馬，象徵你操控潛意識能量的能力，讓它幫助你處理日常事務。除了反映出你對愛與情感的需要之外，**遭棄養的動物也代表你忽略了自己比較好玩的動物面向**。

- - -

行
動

這個夢是要你注意自己在某些生活領域中，可能忽略了你自己的需求。**你可能花了很多時間在照顧別人的需要，卻沒注意到自己真正需要什麼**。你也許希望別人肯定你對他們的關懷和照顧，但他們好像認為理所當然。動物無法開口表達牠們更深刻的本能和需要，但你可以大聲說出自己所關注的事情，**大聲說出你需要什麼**。

- - -

背
景

我們最先學會表露情感的對象，除了自己的父母之外，通常會是可愛的動物玩偶，例如玩具熊之類的東西。這些動物玩偶會成為我們無條件付出的感情對象，而且我們還常常會認為它們也一樣的愛我們。等我們逐漸長大後，也許我們會飼養寵物，一樣無條件的付出關愛，並希望牠們會同樣的愛我們。這些惹人憐愛的玩具和寵物，正代表**我們人類對於愛與被愛的本能需要**。

57

被殭屍追逐

你大白天在公共場合裡，發現自己正被一群殭屍追逐。它們的行動非常遲緩，而你使盡全力向前飛奔，但你就是不明白它們怎麼還是緊跟在後。儘管你竭力躲避，可是完全沒法阻止它們的前進。它們遲緩的走來，像是要把你變成跟它們一樣的活死人。雖然殭屍是最常見的追兵，你有時候也可能夢見是吸血鬼或狼人追趕你。

- - -

夢見殭屍追趕，表示**你在日常生活中因為某些重複性質的例行活動而感不耐**，覺得自己只是在應付。這些例行活動常常跟你的工作有關，往往是些麻痺心靈的任務，讓你的生活元氣盡失。因此，你覺得自己沒什麼時間和精力去追求自己想要的希望和夢想，導致你可能放棄自己最珍貴的計畫，特別是感覺到在同儕或父母的壓力下做出如此選擇。雖然你以為自己的願望早已安息，它們其實一直**潛伏在地獄的邊緣**，等待你讓它們起死回生的機會。

殭屍們蹣跚遲緩的前進，代表**你對自己職業生涯毫無進展感到憂慮**，儘管你似乎已經使盡全力。害怕被抓到的恐懼，表示你害怕被目前的工作困住，擔心它會完全摧毀你的精神。殭屍擁有體現你真實願望的潛力，只要你能讓它們恢復生息和活力。夢見被吸血鬼追趕，代表你的精神氣力都被某種不健康的愛戀關係吸乾了；被狼人追趕，表示家庭的羈絆讓你沒有時間追求自己的夢想。

- - -

行動

這個夢是提醒你擁有某種獨特天賦，但你自己卻忽略了。雖然你認為展現這項天賦的時間早已一去不再，但現在該是時候讓自己的努力恢復生息。讓你的想法和計畫起死回生，重新振作自己的夢想，你才能感受到自己生命的真正目的。殭屍會吃人的大腦，而這個夢就是要你運用大腦，從馴服和僵化的環境中解放自己，表現出你真正的獨特性。

- - -

背景

殭屍看起來很可怕，而我們最大的恐懼不是因為它會吃人，而是害怕跟它們一樣陷入死氣沉沉的地獄邊緣。儘管透過一九六八年喬治‧羅梅洛（George A. Romero）經典片《惡夜殭屍》（*Night of the Living Dead*）等的類型電影，殭屍已成為當代流行文化的一部分，它們其實早就受到巫毒（Voodoo）傳統中，巫師控制死人屍體的傳說所啟發。在一九二六年佛列茲‧朗（Fritz Lang）的電影《大都會》（*Metropolis*），殭屍更象徵著企業機器中，被資本家老闆剝奪個性的工人。

58

UNFAMILIAR CITY OR STREET

陌生的城市或街道

夢境

你夢到自己置身於陌生的城市或街道。雖然建築物、道路和天際線看來有點似曾相識，但整個場景就是不對，像是以某種方式被移到別的地方似的。也有可能是陽光或路燈光線看起來很詭異，通常是顯得太過明亮或暗淡。你可能會看看街道名稱或路標，想找出自己的位置和方位。你沒有靜靜待在那裡，而是選擇了一個方向就開始前進，希望可以發現一些熟悉的地景、建築或標記。

- - -

意義

夢見城市，表示你正在思考更廣泛的自我，包括這一生累積下來的經驗和智慧。城市代表你更為開放的公共身分，而那些建築物則是你多年來跟許多人建立的人際關係。街道代表這些人是怎麼跟你相互連結的，而天際線則是從你目前角度看去最為醒目的人物景象。看似熟悉的城市，但街道和建築物像是被移植到不同的地點，表示你現在正思考自己過去以來所建立的認知，從一些不同的觀點重新省思。

　　你看到詭異的光線，表示你正以全新眼光看待過去累積的經驗和知識，思考如何運用這些資源來照亮新機會。你想**瞭解自己的方位和位置，代表你多方的探索新機會**，以更加認識自我；而尋找路牌、指標，通常表示你正在找尋訊號，以確認自己的意圖。儘管城市看來熟悉，似乎也沒什麼變化，其實**它一直在變動**，整個城市裡充滿了各種活動。這跟你自己的情況可能很類似，你對於現況也許感到高興，也不想有什麼變化，但**你的自我裡有一部分卻置身其外**，不斷的觀察和省思，想為你自己找出新機會。

- - -

行 動

儘管你對目前生活的熟悉構造可能感到滿意，但這個夢所傳達的訊息是：有一部分的你一直在進行探索，尋找一些新機會，讓你能夠跟自身以外的什麼東西做連結。這並不是說你目前的生活一定要有什麼改變，不過**你正開放自我，從中累積更多廣闊的經驗和智慧**。當你探索不同方式來分享你的領悟和體認，你會發現不但自己看人的眼光更為廣闊，同時你也會成為他們進行探索的參考點。

- - -

背 景

人類的城市由來已久，可說是相當美好的創造，城市提供我們豐富的資源，裡頭充滿了人際連結和各式各樣的可能性。正如我們的認知和意識，**城市看來可能顯得靜態，但它其實是不斷的變化和發展**。這種持續不斷的改造重建和重新想像，從我們以進行式building來描述建築物，而非過去式builded或過去分詞built即可得知。同樣的，我們也不斷在發展，不斷建設自我經驗和智慧。

59

結婚或離婚

似乎費了好大一番功夫組織和規畫之後，你終於步上紅毯，走向結婚禮堂。雖然典禮非常盛大，但你覺得自己好像被迫才結婚似的。你懷疑自己即將要做的承諾，不知道自己能否真的信守誓言。有時候**你在夢裡並不能肯定自己要跟誰結婚，只知道非結婚不可**。或者你可能夢到自己正要離婚或已經離婚了，儘管你在現實生活中的婚姻非常美滿。

- - -

夢見自己結婚或離婚，代表你在實際生活中正考慮某個重大決定或承諾。婚姻象徵兩個對立面的成功聯盟，因此這個夢說的就是，**你正在協調自己生活中兩個不同面向的結合**。可能是你正準備成立自己的家庭，開始思考家庭和工作義務兩方面該怎麼調配才會平衡。也可能是你在目前的工作之外，又新增了什麼決定，而你思考的是要怎麼把這兩方面拉在一起。雖然你知道要同時兼顧兩方面，在理論上應該辦得到，但實際上你只有非常窄小的空間可供騰挪。

　　如果你覺得自己是受到驅迫或壓力才結婚，表示你對於最近才要做出的那個決定，給予自己非常大的壓力。對於即將到來的工作負擔，儘管**你私底下感到焦慮，卻還是裝著若無其事的樣子**，安撫大家你一定能做好。不知道結婚對象的身分，表示你並不確定自己對什麼做出承諾，但你懷疑將因此花費許多時間。夢見離婚，代表你在日常生活中，覺得自己對某些特定義務花費太多時間和精力，它已經讓你的生活失去平衡，因此你想喊停。

- - -

行／動

這個夢的訊息是：**你正在平衡自己做出的決定和承諾，希望信守自己對他人的誓言**。可是要同時兼顧這麼多的義務顯然非常不容易，你可能馬上就會覺得自己失去平衡。你也不應該過度擔心對他人的承諾，而是要花點時間想想，你又對自己承擔了哪些義務。你越能平衡自己的需求和願望，你就越清楚自己需要跟他人妥協到什麼程度。

- - -

背／景

與伴侶結合，承諾終身不離不棄，是我們在一生中做出的最大決定之一，因此結婚在夢裡就象徵著深刻而長遠的承諾。結婚是喜事，也會是**力量和撫慰的巨大來源**，但婚姻生活也是個妥協的領域，我們必須在摯愛忠誠的相互關係中，平衡雙方需求。婚姻關係是雙方利益與需求的有力結合，如果做不到這一點，最後可能就會離婚。

60

黑暗的地下室

夢境

你聽到地下室傳來奇怪的聲音,雖然你想不理它,又覺得自己應該調查清楚。當你打開地下室的門,感覺非常害怕,因為不知道那底下或者發霉的角落裡伏著什麼。你提著照明設備,心下惴惴走下樓梯,**恐懼的陰影投射在潮濕的牆壁上**。地下室也可能淹水了,你知道一定有什麼可怕的東西會跳到你身上,不過最後找到聲音來源時,讓你很驚訝。

- - -

意義

夢見地下室發生什麼事情,通常是代表你在日常生活中逐漸意識到自己某些基本行為,以及它們如何公開呈現。房子是代表你自己,**地下室就是你的基本行為**,它是你採取本能行為的潛意識基礎。這個夢表示,雖然你想忽略自己更基本的本能,但某些情況會把它們提升到你的意識層面。當你在探索這些基本行為時,你可能會感到焦慮,因為在你性格的那個**未知領域**,你並不知道其中潛伏著什麼。當你試著辨識、瞭解這些特質,它們通常顯得比實際上更為黑暗而且可怕。

夢中的地下室常常會淹水,因為水象徵著情緒和情感,而那些基本的本能通常是受到你的感性所驅動,而非理性思維的管制。夢見黴菌或蕈類,表示你的基本行為具有巨大的成長潛力,不過你真的需要開始探索它們了。**你最害怕的是,自己可能被那些本能和衝動所操控,帶來討厭的干擾和衝突**。但是,你對自己的基本行為越是瞭解,你的獨特性格就會變得越是堅強而穩定。儘管你可能會比較想要隱藏自己的那些部分,因為你不知道它們到底是什麼,那卻是你的基本組成要件。

- - -

這個夢是要提醒你注意一些深入檢視自我內在的可能性。檢視自己的深層動機，有時會讓你感到相當不安，但健全的認識這些基本需求，通常正是實現深切希望與夢想的最可靠平台。你越瞭解自己的基本行為模式，你個人的基礎就會更穩固、更結實。儘管**探索過去的經驗，可能挖掘出許多黑暗面和混亂，但它們通常擁有重要的訊息和資源，讓你在日常生活中感覺更安定。**

- - -

房子代表自我，而地下室就是內在心理中不常拜訪，卻是支持其餘部分的基礎。地下室代表儲存基礎經驗的心理空間，正如兒童聽的童話故事中，常有地下室躲著怪物的情節，因此把它封存起來，不去注視它，似乎顯得比較容易。地下室通常設有水管或暖氣設備，似乎會發出種種奇怪的聲音，當房子出現其他地方不能搞定的問題時，我們才會進入地下室查看。

6I

碰上戰爭

夢｜境

你碰上一場嚴重的軍事衝突，歷盡艱險死裡逃生，躲到安全的地方。四周都是隆隆的爆炸聲，子彈呼嘯而過，真是驚險萬分。雖然你竭力避免捲入衝突，也不想實際參加戰鬥，但你發現自己逃跑時碰上敵方，不得不採取防衛和抵抗行動。或許你還要領導一群人，一起逃向安全的地方。

- - -

意｜義

夢見置身戰爭之中，表示你在日常生活裡正經歷某種形式的緊張。雖然可能不是與他人的公開衝突，但是**你心裡卻感受到無休無止的隆隆炮火**，不管你怎麼做都難以找到平和妥協的避難所。如果發生一些你覺得難以解決的需求衝突，通常就會造成你的緊張。或者是**為了跟他人和平相處，而強迫自己做一些你其實不願意的事情**，也可能造成這種情況。你覺得如果老老實實的說出自己的想法，很可能帶來很大的破壞，你跟他們之間的關係可能因此結束。

　　儘管你嚴密控制內心的衝突，它仍不斷意外迸發，造成一些你不樂意見到的損失。你必須一直很小心自己說出口的話，以免引發爭議或口角，你總是擔心會惹惱其他人。雖然你很想好好的來解決這個情況，卻發現自己執著於**自我防衛**，讓你的對手感受到相當大的敵意。在你處理自己內心衝突的同時，也許你還要解決團隊或群體中相互矛盾的需求。一旦協調狀況不順利，大家感到挫折和緊張時，你就成為眾人洩憤的目標，令你十分厭惡。

- - -

行
動

這個夢的訊息是：你很想避免衝突，卻因此造成心裡的莫大緊張。你越想逃避，躲開這場衝突，你就越可能被這個情勢所控制，反而被拖到這個衝突的正前方。在這個狀況下，你不該逃走，最好的策略是**合盤托出自己內心的衝突，公開而誠實的面對它**。雖然你可能因此感到脆弱，但如此一來你才能取得發號施令的位置，安全的解決這個問題。

- - -

背
景

雖然很多人不曾碰過戰爭，但媒體上充斥著衝突的影像。許多電影和故事也都設定在戰爭的背景下，許多知名的故事更是以逃亡和躲避戰火為主題，例如：約翰‧司圖加（John Struges）一九六三年的經典片《第三集中營》（*The Great Escape*）。我們的日常用語中，也襲用許多戰爭或衝突術語，例如：「採取防衛看法」、「鞏固自我陣地」，還有「發射訊號」、「趴低一點才不會中槍」等說法。

62

HOUSE BURGLARY

盜匪闖進家裡

夢 境

你自在的一個人在家，通常是在樓上房間，已經上床準備睡覺，突然聽到屋外傳來一些不尋常的響聲。起初你感到有些焦慮，擔心可能有人會闖進來，不過你向自己保證一切安好。接著你聽到另一個房間有什麼東西在移動的聲音，你意識到一定是小偷跑進來了。雖然你想上前阻止，又怕他們會對你造成肢體傷害，因此你不敢面對他們。你最擔心的是，他們可能會偷走你所有的貴重物品，破壞你的房子。

- - -

意 義

夢見自己的房子被小偷闖入，表示你在日常生活中感覺到有些不喜愛的事物**侵犯你的私人領域**。房子通常代表你自己，而你自己一人在家裡是感覺最安全的時刻。你的床就象徵著你的私人空間，你躺在自己的床上感到輕鬆自在。屋外的不尋常響聲，表示你的日常生活中有<u>某些事情正在變化</u>，**並在某種程度上威脅到你的安全感**。這種變化其實也可能是個正面的機會，但其中某些元素讓你覺得自己被侵犯或打擾。雖然您試著說服自己一切安好，但這個狀況已經開始讓你覺得不太舒服。

意識到盜匪已經闖入家裡，代表你對於防止私人空間遭到侵入感到無助。雖然你在日常生活中，想直接面對那個踩進你私人領域的人，但又覺得他提供的這個機會也許對你有害。夢裡的貴重物品，代表你最珍惜的個人特質，因此這個侵入在某種程度上削弱了你的自我價值。不管這個機會可能多麼令人振奮，你都必須先保障個人領域，切勿輕易放棄珍貴的自我。

- - -

這個夢是要提出警示：由於某人介入你的私人生活，令你感到不安全。雖然你一向保持開放，也相當隨和，但你擔心此人不知道你的真正價值，把你的所作所為視為理所當然。**你不能放任他人予取予求**，利用你的寶貴技能和得之不易的經驗優勢，而是**要建立一些個人界限，讓對方明白你對他的價值**。更堅定表明自己的價值，你就會感到更加安全。

- - -

正如我們的房子裡收藏著一些貴重物品，房子裡也包含了珍貴的隱私和個人空間。房子失竊所帶來的衝擊，通常不只是貴重物品被偷，還包括個人空間遭到侵入。我們雖然歡迎別人進入自己的個人空間，但如果他們未經允許就擅自闖入，那絕不會是受人歡迎的愉悅，而是令人厭惡的侵犯。而在人際交往中，有人闖進我們的個人空間，通常不會帶來什麼傷害，但是會令我們感覺不自在，無法表現出真正自我。

63

WRONG PAPERWORK

錯誤的證件

夢 ↓ 境

你交出自己的證件，某個官員卻說它是錯的，令你感到驚慌。也許是在邊界或海關出示護照，或者在火車上接受驗票。你相信自己的證件或車票是有效的，但官方卻不肯放行。或者你的證件記載不完整，或其中記載了別人的資料。通常官方可能會要求你簽名以證實身分，但不管你多麼努力，都寫不好自己的名字。

- - -

意 ↓ 義

夢到自己的證件錯誤，代表你在真實生活中正試著**表明自己的真實身分，尋求他人的認可和驗證**。然而你在表達自己認為的身分時，可能遭遇到什麼困難，而這個狀況讓你和他人都感到困惑。**最能準確表明身分的，就是你的行為**，因此你的真實身分通常都會在你的行動和所做的選擇上反映出來。儘管你想不受限制的採取某些行動，做出某些選擇，卻又常常覺得自己不夠格，因此一再的尋求他人為自己的企圖和決定背書。

你在熟悉的地方，或許就能夠自在的採取某些行動，做出某些選擇，但是要穿越邊界和海關，代表你即將進入陌生的領域。**護照象徵你經過驗證的正式身分，而旅行時的車票、機票代表你做出特定決定的權力**。在自己的證件上看到別人的資料，代表你覺得自己有點像是冒名頂替的傢伙，或者正指望某人給你指示，你才敢繼續向前走。我們靠雙手創造、形塑自己的未來，因此顫抖的手代表你發現自己難以做出決定，無能付諸行動。儘管你知道自己有能力邁出下一步，卻覺得需要某種正式的批准才能這麼做。

- - -

這個夢的訊息是：你希望驗證自己的獨特身分，但你大部分時間都花在尋求他人的認可，希望他們認識你的獨特性，希望他們允許你成為你自己。**你不該坐等他人給你許可，而是要破除那些自己設置的障礙，公開宣示自己的身分**。儘管受到他人的正式承認，可以帶來一些安慰效果，但是決定自己是誰，選擇自己要成為什麼樣的人，這個終極權力完全操諸你手。

- - -

我們跟官方機構打交道，驗明身分是必要的步驟，在我們拿出證件證明身分之前，誰也不敢肯定我們是誰。能夠驗證身分的重要識別之一，就是我們的簽名，而我們小時候最先學會書寫和辨識的事物之一，通常就是自己的名字。儘管我們的證件有助於驗證外在身分，但我們必須瞭解自己生命中的真正目的和潛力，才能找到無窮無盡的機會，這是身分證件無法提供的。

64

DEEP IN A FOREST OR JUNGLE

身陷茂密森林或叢林之中

夢境

你想穿越一座茂密森林或叢林,走到外頭更空曠的地方,可是你走的那條小徑卻變得越來越窄,越來越模糊。兩邊的樹枝密布,畫過你的臉,腳下矮樹叢生,常常勾住你的衣服。樹很高,有的已經倒下,樹幹擋住去路。你聽到身邊傳來窸窸窣窣的怪聲,陰影下似乎有什麼黑影在移動。雖然很可怕,你還是繼續深入。

- - -

意義

夢見身陷在森林或叢林深處,表示你在日常生活中正意識到自己個性上某些陌生面向,並認知它們的成長潛力。**森林象徵你的潛意識和那些過去不曾察覺到的面向**,經過這麼多年它們已然成長甚至成熟。儘管你在意識上並未察覺這些領域,但在真實生活中的某個情況已迫使你進入其中,更深入探索。這通常是你想到或碰到一些跟過去有關的事情所觸發,你想知道過去那些事情對你造成了什麼影響。**你想穿越叢林到空曠之地,表示你想好好釐清那些事情所帶來的困惑和謎團。**

雖然你認為有個明確的問題需要解決,但在你開始自我探索之後,卻發現這個問題越來越模糊。那些刮擦到臉的樹枝和勾到衣服的矮樹叢,表示**你正在思考自己的身分,以及自己到底真正是什麼樣的人。**當你向前展開旅程時,會碰到過去習慣所造成的障礙和堵塞,而這正是你直接面對或想要繞開躲避的挑戰。窸窸作響和黑影移動代表你的本能衝動,你擔心它們在某種形式上可能造成損害。雖然狀況有點可怕,你對前方仍然滿懷信心,越是深入後,你開始瞭解這個情況的根源到底是什麼。

- - -

行 動

這個夢的重點在於：你可以從自我內在找到豐富而多樣的資源。雖然那些領域可能顯得神祕而難以控制，但它們對於你個人的成長擁有珍貴的訊息。當你繼續自我探索的旅程，最重要的就是**不要忘記自己來自何處，又要去向何方**。你要選擇自己要走的路，順著走下去，不要被其他人建議的諸多路徑所吸引而分心。

- - -

背 景

我們初次碰上神祕森林，通常是從魔法森林之類的童話故事。童話中的森林常常擁有什麼珍貴東西在裡頭，但必須具有異常的勇氣和毅力才能找到，獲得獎賞。森林和叢林也是**某些神祕人物的庇護地**，例如：力量強大的羅賓漢或亞馬遜部族。在我們內心的某處都有一座野生密林，我們在那兒都能回復真正自我。就像我們夢中的森林，在真實生活裡，那些我們過去不知道的心靈領域其實正是個庇護所，讓我們得以休養生息。

65 | MYSTERIOUS CORRIDOR
神祕走廊或通道

夢↘境

你在一幢建築物裡探索，打開一道門後發現前方是一條向前延伸的神祕走廊。走廊很長、很長，在遠處彎曲，看不到盡頭，廊上有很多關閉著的門。走廊可能很明亮，光線充足，也可能看來幽幽暗暗，像條陰暗通道。在這條走廊上探索，**你步步為營，因為不知道再往下走可能會碰到什麼**。當你沿著走廊開始向前走，鼓起勇氣打開一些門看進去，通常都會發現裡頭有些令你驚訝的什麼東西。

- - -

意↙義

夢見神祕走廊，通常反映你在日常生活中碰到改變生活的契機。那幢建築物不是別的，其實就象徵你自己，而那條走廊正是你必須跨入的界限，才能找到那些新機會。你所打開的門，代表你在真實生活中跨入的界限，它會向你展示出一條蘊含許多新機會的通路。在你眼前展示出來的諸多行動道路，有些可能比較清晰、比較明亮。如果只看到幾道門，表示你可能只有那麼幾個選擇方案。如果夢見非常多道門，表示你的選擇多到自己不知道該怎麼辦才好。

　　那道<u>走廊也可能像座迷宮一樣</u>，你打開一道門發現裡頭又是一道走廊，走進去又發現另一道門、另一條走廊，到最後你就完全迷失方向了。如果是這個情況，代表你自己感覺一直被迫做出選擇，結果讓你距離自己想去的地方越來越遠。<u>**冒險走進通道也是一種跨越的儀式，經過那個節點後你就告別過去，全心全意奔向未來**</u>。你沿著通道探索，通常正是在探索那些過去不瞭解的可能性，但不表示你會碰到不愉快的驚嚇。這道走廊通常會讓你更

加**肯定自我，珍惜你所有的才能和資源**。

- - -

這個夢的主軸，反映出**你正進入一個轉變期，必須做些抉擇**，看看怎樣對你最好。儘管你覺得自己被迫沿著特定路徑走，你還是擁有一些權力開發出全新的可能。要跨過那道門檻，你可能會覺得焦慮，但那會引導你走向生活的全新領域。你想做出合意的選擇，最好的方法是花點時間去**探索眼前的各種機會**。

- - -

建築物裡的房間，象徵你性格上的不同面向，而走廊就是代表你在這些不同的面向之間遊走，在這個過程中，你可以發現許多原先不知道的機會。所有文化都會有一些「跨越」的儀式，慶賀那些儀式參加者成功跨越某個重要階段，繼續向前開展新局。這種探索自我的過程是一種本能，它的本身就是人生動態的展演。英文中的「走廊或通道」（corridor）來自義大利文的correre，字義是「奔跑」，因此也蘊含著**生命從一個階段自然過渡到另一階段**的意思。

66

懷孕

夢境

你的肚子變得很大，意識到自己已經懷孕，準備要生小寶寶。雖然寶寶成長的速度似乎快得不太尋常，但他好像還要一段時間才會出生。你挺著大肚子，行動變得很笨拙，平常生活四處走動都不太方便。等到分娩時，可能會生出什麼怪物之類的東西，也許生出了個很醜的嬰兒。或者，你也可能夢見自己流產或墮胎。

意義

夢見自己懷孕，通常代表日常生活中等著完成的計畫和方案，可能必須花費更久的時間。**懷孕期代表你制定了某項計畫，即將付諸進行**，而這個夢是告訴你必須**要有耐心**，提供足夠的資源才能確保它順利誕生。這項計畫也許是最近才擬定完成，不過要實際去進行可能還需要一段時間。計畫帶來的責任會讓你感受到更大的壓力，這是你過去生的活型態難以承擔的，同時你也可能因此發現不像過去那麼自由，無法參加其他活動。

當那個嬰兒終於誕生之後，**你可能感到失望，覺得他並不符合你原本的期望**。如果他長得有點難看，或者看起來不太尋常，表示你在發展和培育自己想法時必須更加努力。雖然覺得有點失望，你還是創造出一個健康而充滿活力的東西，過段時間它就會變得更漂亮。夢見流產或墮胎，代表你在無法操控的外在因素影響下，認為某項計畫可能必須要中止。正如那些最有價值的經驗一樣，在播下種子和生根發芽、茁壯成長之間，通常也是需要一段時間的。

行 動

這個夢的訊息是：你即將創造出某些很棒的東西，但你不能操之過急，要讓事情自然的向前推展。**行動的關鍵不是緊盯著結果，而是在這個偉大契機到臨之前，讓自己做好準備**。你要耐心等待，讓它自然而然步上軌道，如此才能隨著時間成熟發展。這可能是個相當吃力的經驗，卻也是你孕育夢想得以成功的最好機會。

- - -

背 景

懷孕是影響力最大的人類情況之一，顯示我們調動資源和創意，**創造及延續新事物**的能力。在所有的人類文化裡，都有祈求繁衍多產的儀式和相關符號，例如：復活節彩蛋和埃及青蛙等等。我們的語言對於想法、計畫的描述，有很多都跟懷孕、生產有關，例如：「孕育新想法」、「新概念的誕生」或者「豐富多產的想像力」，對於期待某些事物的降臨，我們也會說是「孕育期」。

67

POTENTIALLY FATAL INJURY

潛在的致命傷害

夢境

你原本在進行一些日常活動，卻突然發現自己遭受攻擊。不知道從哪兒冒出來的暴徒，在你還搞不清楚怎麼回事時，突然施以致命一擊。他們所持有的武器，通常是像菜刀或錘子之類的東西，在他們展現殺人意圖之前，完全沒有任何預警。儘管你受到要命的傷害，你比較關切的還是動機問題，**你不知道無辜的自己何以被挑中要承受這個致命攻擊。**

- - -

意義

夢見自己遭受致命傷害，表示你在工作場合可能碰到某個狀況，**覺得自己的心理嚴重受傷**。這個心理傷害可能來自親密夥伴或愛戀關係的斷絕所導致。你不知道那個凶手從哪兒冒出來，表示你完全沒預見這件事情的到來，令你徹底感到措手不及。儘管你先前以為雙方關係良好，現在卻覺得自己的生活好像被撕裂開一樣。攻擊者的武器通常是日常用品，代表這件事的起因可能就是平常的瑣事，也許就是家中或工作場合中的例行事務所引發。

　　你最關切的不是受傷程度，通常是自己為何遭受攻擊。雖然你可能覺得自己是無故遭到攻擊的無辜受害者，但很可能是**你自滿於目前的關係，才沒看出某些緊張醞釀膨脹的預兆**。這些警告訊號可能相當隱晦而詭祕，如果你事先能夠有所察覺，必然可以幫助你更有效的處理這個狀況。不知自己為何被挑中，代表你很焦慮，擔心夥伴關係破裂後，你會是孤伶伶一人。要是夢見自己死亡，通常指向某種基本性質的轉變，那個可能致命的傷害代表你必須繼續向前走，改變自己的生活。

- - -

行
動

這個夢的訊息是：**你對於某段伴侶關係或夥伴合作太過自滿，可能會讓你感到非常失落**。不過我們也很容易對於自己的伴侶顯得太過偏執而疑心重重，當你不斷懷疑他們時，可能更容易感覺自己是個無辜的受害者。我們不該認為自己的伴侶必定會守候著我們，而是要主動而誠實的跟他們溝通和聯繫。你對於你們之間的連結越是尊重，它就越不可能突然斷裂。

- - -

背
景

對於我們現代人來說，非常幸運的是，那種潛在的致命威脅其實相當少見，不過當我們說到「分離」時，還是常常會用到一些非常暴力的形容語句。當我們說到財務狀況時，可能會說某項資金「被嚴重削減」，某個計畫「被砍掉手腳」，或者某項公共服務「被砍掉了」。對於感情上的創傷，也有「心如刀割」的說法，或者好像「臉上被打了個耳光」。

68

ANIMAL IN THE GARDEN
花園中出現動物

夢 ↓ 境

你輕鬆愉快的待在自己的花園裡,突然聽到灌木叢沙沙作響。隨著枝葉顫動,那裡可能有某種動物存在。雖然你看不清楚那是什麼動物,但你覺得牠可能會傷害你,因此你想趕快回到屋裡去。當你衝向門口時,那隻動物可能從樹叢竄出,從後頭撲向你。即使你已經躲回屋裡,牠的爪子可能伸進門裡,或者正猛力拍打窗戶。

- - -

意 ↓ 義

夢見花園裡出現動物,表示你常常思考如何在社交場合上控制自己的本能衝動。你的房子就象徵你自己,而花園就是在自我之外,卻非常靠近的領域,通常代表親密的朋友和你刻意栽培的人際關係。**花園裡的植物通常依照自己的節奏,自然的生長和開花,正如你培養的友誼一樣**。那些灌木叢代表你的人際關係中,那些未知和尚待探索的領域。花園中那些未經規畫和整理的地方,表示你跟他人的連結中具有潛能的部分。這個夢意味著你對自己在人際關係中的行為有所疑慮,你正在檢視一些跡象和線索。

野生動物代表你自己本能和衝動的那一面,是在**與他人交往時往往刻意壓抑的部分**。你在夢裡感受到的威脅,是在自己尋常接觸的社交環境中,有某些事物可能會觸及你的本能衝動,誘發你表現出原本性格,甚至導致失控。讓你感到害怕的是,如果不能遏制這些本能,它們也許會危害到你刻意展示的身分。夢裡的動物像是要闖進家裡,其實是代表**重新發現自己內在力量和智慧的機會**。那隻出現在花園的動物,通常就是你主張自我的信心和權力。雖然你想馴服、規範自我本能,但有時候也該不加拘束的

承認它們的智慧和能量。

- - -

行 | 動

這個夢所揭示的是：你擔心自己在社交場合的行為太衝動。然而當你出門在外跟朋友或同伴在一起時，這樣的擔心可能反而讓你顯得非常不自然。雖然壓抑自我好像是比較安全，也比較容易讓別人接受，但這也意味著他們錯過了你精采豐富而複雜的真實面貌。**讓自己多些空間來表現真實本性，你會發現自己更能揮灑自如**，你的社交生活也會變得多采多姿。

- - -

背 | 景

當我們小時候，去自家花園通常就是第一個經驗到的室外場所。花園開拓了我們的意識認知，充滿了許多過去不常碰到的景物、聲音和氣味。雖然花園可以是完善培育和照顧的產物，不過親近大自然也會讓我們更接近與生俱來的本能和衝動。園中的植物和花朵，都有它們的自然節奏，依循著自然的週期。儘管在英文裡，指明某事物平凡無奇有common or garden的說法，但「花園」在夢中指涉的，卻是我們內在裡比較偏向自然的部分，並非不值一提的東西。

69

躲避龍捲風

夢境

夢中的你，一開始是在安全的地方，例如你家，但通常會有一股非常不祥的預感，覺得有什麼災難即將發生。然後你遙望遠方，看到昏暗的天空有一個破壞威力強大的暴風正在逼近，那股暴風通常像是個正在旋轉的龍捲風。**你也許可以逃，但它似乎一定會在混亂中追上你。** 或者你沒逃走，而是緊緊的抓住什麼堅固的東西，意識到暴風在你周遭帶來非常嚴重的破壞。

- - -

意義

夢到天氣主題，表示你正在思考那些日常生活中不可控制的意外事件及其結果。**就像多變的天氣一樣，我們的生命中也有某些面向是不受自己操控的**，當你感覺這些面向可能帶來一些破壞時，這樣的夢就可能出現。在夢中，天空代表你的思維，因此這場即將到來的破壞可能帶來一些負面想法。猛力旋轉的龍捲風，代表精神上或心理上的大混亂，你當然不想捲入，因為你知道這會讓你很難過。但你很容易就被負面思考追上，發現自己完全籠罩其中。

　　要是可以置身事外，離開這個發展中的情況，也許就可以避開暴風襲擊路線。假如死活都閃躲不了，想不被捲走的最好辦法，當然就是在真實生活中拚命抓牢某些堅固穩定而安全的東西。**就跟暴風眼一樣，在磨難最凶猛、最劇烈的時候，你的思維和視野通常也會最清晰。**你控制不了這場思考的風暴，只能躲著等待狀況過去。等風暴消退之後，你就會明白自己變得比你想像得還要堅強，很多不必要的焦慮也都被吹跑了。

- - -

行動

這個夢是提出預言：在你的日常生活裡，有某陣改變之風可能就要開始颳起。雖然你可能無法阻止這場轉變，但你仍然可以善用它的破壞威力，為你帶來最大優勢。你不能只是等待危險和混亂逐漸逼近，而是應該**提早規畫，確保自己和周圍的人都可以得到照顧**。雖然在暴風襲擊下很難站穩腳根，但抓緊自己知道而相信的東西，就比較容易渡過風暴而能毫髮無傷。

- - -

背景

對於籠罩每一個人的空氣，我們常常並未知覺，我們也往往把大氣層看作是一個巨大的空間而已。因此當這個明明沒有東西的空間竟然醞釀出毀屋拔樹的巨大威力時，當然讓我們很驚訝。龍捲風往往出自於多變而暴烈的天氣狀況，例如大雷雨時空氣中充滿了威力強大的氣流。這種狂暴的天氣形態，正代表**我們內心的風暴，通常不知道從哪兒冒出來**，在我們例行的日常生活中帶來威脅和破壞。

70

機械故障

夢境

有一台一向很好的可靠機器開始出現故障,找不出什麼明顯的原因。你可能是利用它來處理一些簡單的日常事務,但它就是**不能跟過去一樣發揮效用**。儘管你多次啟動開關,高聲斥責,還從旁邊用力敲了幾下,它就是不肯乖乖聽話恢復正常。這台機器也可能完全失控,威脅到大家的安全,變得很危險,讓你覺得它像是擁有自己的生命一樣,你完全控制不住。

- - -

意義

夢見機械故障,通常表示在你的日常生活中某個原本可預期的情況,如今已開始變糟。如果是你跟親近者的溝通發生問題,也可能會做這種夢。**你們之間往往都是以熟悉和習慣的行為來溝通,你可能因此視為理所當然**,因為你總是可以期待對方的相同回應。這樣的期待和假設,可能會有一些看不見的緊張和壓力慢慢積累,最後導致整個溝通失靈。不管你聯絡得多頻繁,叫喊得多大聲,他們就是不肯乖乖合作,以你期待的方式來回應。

　　你不調整自己,而只是想要調整對方,希望他們繼續以你所期望的方式來表現。也有可能是其他人變得不理性,而威脅到你們的關係。恢復健康關係的關鍵是,別再把自己和其他人當成機器。我們很容易以為別人都該自動自發,對於特定投入就該產生預期回應,以為要是出現問題,只要透過簡單的改善行為就可以解決。別人自有他們的生活,儘管你可以跟他們合作,甚至是具有影響力,但你不該操縱他們。操縱式的關係最後通常都會崩潰。

- - -

在這個夢裡，你接收的警訊是：你一貫依賴與某些人的溝通方式很可能就快出問題了。這種問題在雙方關係上可能常常發生，表面上看來似乎一切正常，但裡頭潛藏著不明的緊張。這些壓力隨著時間而積累，在某個特定時間的拉扯下就可能造成關係斷裂。你**不要在關係出問題之後，才急急忙忙的去彌補和修復，應該平時就要投入努力，強化雙方連結的品質**。如此一來，你才能確保在必要時刻，他們會在原地守候著你。

- - -

我們人類和其他多數物種之間的主要差異之一，就是我們具有使用工具的能力。長久以來，人類習於運用工具和機械，它們幾乎已經成為我們的行動，甚至就是我們自己的延伸。而這樣的習慣行為再擴大為**擬人化的表現，賦予了機器設備的「人格」**，例如：幫我們的車子或樂器取名字，就好像我們對待寵物的方式一樣。這個狀況也反映在語言上，我們以描述機械的詞彙來形容人類，例如：某人生悶氣時「像只壓力鍋」，某人「就像鐘錶一樣」很準時。

71

變身超人

夢　境

你面對某個非常糟糕的狀況,卻完全沒辦法來阻止。也許是迫在眉睫的天災,或者出現一隻大怪獸或超級壞蛋。對於即將到來的危險,你奮不顧身的想要保護自己所愛的人,此時你突然意識到自己擁有超級神力而欣喜不已。你以前都不知道自己這麼厲害!現在你發現自己力可拔山,眼睛還能射出激光線,**你抵擋住死亡和毀滅的肆虐,保護了每一個人的安全**。在你擊退壞蛋、阻止災難之後,你又恢復成原來的自己。

意　義

夢見自己變成超人,通常是因為自己在日常生活中覺得被什麼困住,感到無力。那個讓你覺得為難的情況似乎無法解決,也無能閃躲,因為它已經是你日常生活的一部分,過去你甚至會覺得這就是例行而正常的情況。這有可能是你必須處理的家庭緊張,或者某個長期的健康問題,**你既無法解決也逃避不了,感覺就是個無止無休的折磨**。儘管你認為這個情況似乎毫無希望,但這個夢要說的是,你其實還是能夠非常有效的解決。**你的超人力量代表你擁有一些非常厲害的內在資源**,它一定可以讓你克服日常生活中令你感到無能為力的挑戰和難關。

　　當你面對難題,做出選擇,採取行動時,你就可以掌握這些超級神力。大多數超級英雄的重要特徵,是他們都擁有對錯分明的道德感。儘管你不斷的面對艱鉅挑戰,你也絕對不會逃避,永遠堅持做對的事情,保護每一個人。你的所作所為不在於自身利益,對於正義的堅持讓你**擁有移山填海的神力**,以及能夠看透問題本質的睿智。在你解決問題,確認每一個人都安好之後,你才

會花點時間來照顧自己的需求。

...

行
動

這個夢表示：你擁有的力量，遠比自己知道，或別人以為的還要強大得多。但是你只有在摯愛發生危險時，才會發揮實力。不過，在你解救所愛的人，似乎又回到原本的自己之後，你還是有能力調用資源，集中自己的力量。**你不必等待誰來解救你，你大可運用自己的力量提升自我，讓你自由前往想去之處。**

...

背
景

雖然我們以為超級英雄是比較現代的故事，大概是從一九三二年西格爾（Siegel）和舒斯特（Shuster）的《超人》漫畫才開始，其實老祖宗們早就有那些超級神力的故事。在希臘神話裡，最有名的超級英雄之一就是無敵戰士阿基里斯（Achilles），他就像現代的超級英雄一樣，但是他也有超級神力無法保護的弱點。就跟超人害怕氪元素一樣，阿基里斯也有弱點在腳踝，因此如果你不花點時間好好照顧自己的需求，你保護他人的能力也可能因此減弱。

72

陌生人傳達訊息

夢境

你碰到一個陌生人，他說有個重要訊息要告訴你。他很急著要告訴你那個訊息，但你卻很擔心，因為你以前沒見過這個人，也不曉得他有什麼企圖。你覺得這個訊息可能是個壞消息，或者是一封恐嚇信，或是哪個官方機構對你的警告。儘管**那個陌生人對你似乎瞭解不少**，還是要你證明身分才有權接收那個訊息。有時候那個陌生人的臉讓人完全記不住，或者甚至根本就沒有臉。

- - -

意義

夢見陌生人帶來訊息，表示**你對某個狀況的直覺領悟，比意識認知和邏輯思維所獲得的還要豐富**。儘管你在理智上認為對自己非常瞭解，但實際上你還有許多潛能是自己不知道的。在那些未知的領域中，充滿了隱藏的才能和尚未實現的願望。其中包含著一種天生自然的智慧，但是你很難取用，因為你不知道該如何表達自己在那個未知領域中的才華。**你碰到的陌生人其實就是你自己的某一部分**，你過去對它真的不太瞭解，但現在已逐漸在你的意識層面浮現出來。

陌生人要告訴你的重要訊息，其實就是來自於你不瞭解的自我，這是潛意識在提醒你注意。這個夢通常是因為你在真實生活中探索某個情境，開始發現自己過去不知道的才能。你一開始可能還不敢肯定是否要發展這些才能，甚至會覺得它們帶有威脅性。那個陌生人對你挺瞭解的，因為**他本來就是你呀**，而他要你證明自己，就是要你充分瞭解自己的潛能。你忘了那個陌生人的臉，或者發現他沒有臉孔，表示現在該是你面對自己潛能，開始運用自己休眠的才能的時候！

- - -

行動

這個夢的訊息是：你所瞭解的其實比意識層面上所知道的還要多得多。你的潛意識不斷從你的周圍環境吸收大量訊息，但意識層面卻把它們過濾掉了，因此你並不知道自己接收到那麼多的訊息。**多加注意潛意識捕獲的各種線索，你就能在各種環境中掌握那些潛在機會**。儘管乍看之下那些訊息可能有點奇怪，但你很快就會明白它們的真正價值。

- - -

背景

在民間傳說和傳奇故事中最常出現的人物之一，就是一些來無影、去無蹤的神祕陌生人，他們總會在需要的時候降臨，然後再次消失無蹤。後來大家才知道，原來陌生人就是國王或王后為了探查某個特定狀況下的真相為何，所刻意偽裝的。在一些描述新機會、新領域的類型創作，例如西部片裡，這種神話化的陌生人角色就經常出現。諸如經典電影《原野奇俠》（*Shane*）、《荒野浪子》（*High Plains Drifter*）和《蒼白騎士》（*Pale Rider*）中的英雄人物，都是由一個神祕陌生人來表達某個大家都該知道的寶貴教訓。

73

LOST AT THE SHOPS

找不到商店

你要去商店買你需要的東西,但一直找不到要去的那家店,最後終於到了那家店,又發現自己沒帶夠錢,讓你心焦不已。你想找別的東西來代替,又遲遲拿不定主意,不知道哪一樣才是自己最需要的。店員通常也不能提供什麼幫助,只是一逕的勸你買些不是真正需要,或者根本就太貴的東西。

- - -

夢見找不到想去的商店或購物不順利,表示你在日常生活中有時不知道該怎麼表現出自己的價值。商店裡充滿了各種準備販售的物品,通常會有價格標籤清楚顯示其價值,而你的購買能力往往就是由你的個人價值所決定。找不到正確的商店,代表你在日常生活中找不到合適的場域來展示自己的真正價值。最後雖然商店是找到了,錢卻又不夠,表示你可能找對了場子,但又缺乏信心讓大家認識你的才能。

假如你對自己的能力欠缺信心,不能做那些自己真正想做的事情,你就會四處搜尋那些更容易讓別人肯定你才華的機會。然而,**光靠別人來肯定自己的價值,你就很難決定自己最珍貴的才能是什麼。**依靠別人來給你價值感的想法,反映在夢中那個店員的態度上。店員之所以不能給你什麼幫助,是因為他們無法幫你找到自己真正的價值,或者他們根本就不知道你的珍貴特質。**你所擁有最珍貴的東西,就是對於自我價值的信心,**如果你不夠珍惜自我,你就很難滿足自己的需求。

- - -

這個夢的訊息是：**你比你以為的還要更有價值**，但你覺得自己很難在一段關係或工作場域中發揮自己的價值。這是因為你不夠珍視自我，只希望別人可以肯定你，偏偏他們都不曉得你是多麼珍貴。要確保大家承認你的價值，最好的辦法之一就是在**你覺得他們的要求並不合理時，要勇於拒絕，敢對他們說「不」**！如此他們才不會視你為理所當然，你也才能宣示自己真正的價值。

- - -

從我們小時候第一次掏錢買糖果，商店就成為我們展示自我價值、吸引他人注意的地方。這種感覺一直延續到成年，就可能**耽溺於購物來填補心靈空虛，宣示自我價值**。我們通常很喜歡趕週年慶拍賣，搶低價折扣，是因為這種行為讓我們覺得自己比想像中的來得更有價值。「信用」（credit）這個字源自拉丁文 credere，意即「相信」。**我們越是相信自己，自我的價值也就越高**。

74

截肢或失去身體部位

夢 ↓ 境

你的身體遭到嚴重傷害，不過有一種奇特的出體感，彷彿自己是個旁觀者。你所受的傷害可能是身體某部分被割裂，或者爆裂開來，內臟都流了出來。或者可能是失去重要的部位或器官，像是失去一隻腳或手，也可能是被砍頭。在這個殘酷的場景中，儘管你受到非常嚴重的傷害，仍然表現得若無其事，努力想靠殘缺的軀體繼續存活下去。

- - -

意 ↓ 義

夢見身體遭受重大傷害，表示你在日常生活中覺得自己採取行動的能力正在減弱。身體的不同部位代表自我的不同目標和潛質，特定部位的肢解或喪失，代表你對生活中特定領域的憂慮，擔心自己的能力或功能運作減弱或受到拖累。如果你夢見身體被肢解，內臟外露，表示**你覺得自己在他人面前可能過度暴露或開放，忘了堅守自我的界限，也忘了照應自己的需求。**

　　從失去的部位，可以看出你在哪方面受到挫折，因此才無法發揮自己的潛能。腿提供你進步的動力，讓你得以前進度日；站著要靠腳，也是自身價值的支點；手臂可以採取行動，伸張自我；**雙手負責形塑和控制自己的未來**；頭是思考的部位，控制邏輯和理性意識；心是感覺，並負責跟鄰近眾人的交流和溝通。儘管你已經失去重要部位，還是努力撐著，繼續自己的工作或生活。你不想找誰來幫你的忙，或許還可以繼續隱瞞你的不滿。

- - -

行 動 這個夢是要讓你**找回自己的能力，以採取重要的行動**。儘管剛開始的時候，你可能覺得自己的能力有點減弱，但你仍然可以針對現有的資源做最佳的運用。你要花點時間好好發展這些餘留的潛力，而要找回這些潛能最好的方式，就是要**開始跟他人接觸**。儘管你想自己解決目前的狀況，但還是有許多人樂意拉你一把，讓你可以站穩腳步。

- - -

背 景 當我們描述採取行動或行動受挫時，很多詞彙都跟身體部位有關。**我們常常用機械配件來形容自己的身體**，而不把它視為一個有機的整體，所以我們會說：「心不在焉」；對某事不感興趣，「沒胃口」；不要感情用事，「讓腦袋支配心靈」；找不到著力點或欠缺進行某事的權力，沒有「立足點」。雖然我們大多數人都很幸運，不會遭受到嚴重的肢體傷害，但那種血肉模糊的影像在電影、電視或電玩中可是屢見不鮮。

75

困在電梯裡

夢境

你在一幢高樓裡搭乘電梯,準備要去某個樓層。你一定要到達那個樓層,因為你必須去那兒趕赴一場重要的約會。然而當電梯到達那個樓層之後,電梯門卻卡住了,你因此困在裡頭。你一直按按鈕,但沒有效;就算你又讓電梯啟動,它卻怎麼也不肯停在你要去的樓層。有時候那座電梯可能晃到讓你想吐,你非常害怕它會摔到地面。

- - -

意義

夢見自己困在電梯裡,通常表示你在職場領域中對自己的進步感到失望;**電梯在夢裡的象徵,就是你專業能力從某個眾人認可的水準提升到另一個層次**。這個專業能力的提升似乎有其一定的步驟和邏輯進程,必須按幾個按鈕,有一些選擇必須決定。那幢高樓代表你取得更高成就的潛力;必須趕赴的約會,表示你現在有個機會,可以達到某個程度的滿足。電梯門卡住,代表那個機會並未如你所預期的向你開放;困在電梯裡,代表**你在這次的升遷或進步的期望中感覺前路受阻**。

　　你覺得自己像是被封在箱子裡,什麼地方也去不了。一直按鈕代表你想採取某些具體行動,期望自己可以持續進步,但這程序似乎都沒有什麼效果。電梯到達錯誤的樓層,表示你在專業領域中雖然有點進展,但並不是朝著自己的目標前進。你本來以為自己知道你想要什麼,然而當你達到自己選定的層級,跨進你的未來時,卻發現它變成一個不同的樓層。萬一電梯猛然墜落,表示你對自己的進展感到很不安穩,擔心自己可能必須重新來過,讓你非常焦慮。

- - -

行 ┕ 動

這個夢表示：你對於目前選擇的職業道路，覺得太過拘束，你想搞清楚要怎麼脫離。當你處於某個組織裡，規畫自己的升遷道路時，可能受制於視野不夠開闊。要**讓自己從封閉的電梯脫困，關鍵在於你要開始站在這個框架之外，來思考自己的專業方向**。你不能只是依賴設定好的升遷，而是要花點心思，看看自己可以採取什麼其他的辦法。你要去探索這份工作中可以**提升心靈力量的事物**，而不只是執著於職位的升遷。

- - -

背 ┃ 景

我們常常會把都市商業區那些高聳的鋼骨摩天大樓，看作是專業領域成功的象徵。那些在組織內部有所成就，受到眾人肯定的經理人可以占用大樓頂層，要去那些較高樓層就要搭電梯。當然，走樓梯也未嘗不可，但是又慢又費力，還是搭乘電梯最方便。但是貪圖方便，就有可能受困其中。

76

LEAKING ROOF
屋頂漏水

你注意到屋子進水,後來才發現原來是屋頂在漏水。原本只是天花板在滴水,馬上就變成細流,後來又變得更嚴重,屋內像是要遭水災似的。水繼續沿著屋內牆壁流下,你開始擔心淹水釀災。雖然房子進水嚴重,但**通常你看不出來確實漏水的地方是在哪**。你擔心漏水量越來越大,可能把牆弄垮,到時你就沒有房子住。

- - -

夢見屋頂漏水,通常表示你在日常生活中正解決某些情緒不穩的問題。房子的不同部分,通常就代表你性格上的不同面向,屋頂象徵你尋求保護和整體安全的需求。**屋頂位於房子的頂部,也代表你的思考和想法;水則是你的情緒和感受。**因此,漏水的屋頂,代表你在情緒氾濫的情況下,感到不夠理性、感覺不安。儘管你想用邏輯思考來釐清狀況,擬定最佳行動方針,卻忍不住任由情緒推著你走。

漏水狀況通常是由小變大,表示你慢慢察覺到你的分析思維逐漸讓情緒和情感因素所滲透。而**你越是想用理性態度來處理情緒問題,你的感覺就越是氾濫失控。**房子的牆壁象徵你的個人界限,想要壓抑情感往往導致情緒障礙,讓你覺得自己更加脆弱。你擔心漏水弄垮牆壁,表示你擔心自己情緒崩潰,喪失自制,也無法做出好的選擇。夢中的漏水量可能大到令人難以相信的程度,而這代表的就是你在這個狀況下的情感力量。

- - -

這個夢是要讓你透過情感來運作一些事情,而不只是經由邏輯分析。**我們慣常排斥情緒,但情緒通常比理性分析更容易感知到自己所處的環境**。在這種情況下,你的情感正鼓勵你和他人劃清界限,以確保你不會忽視自己的需求。要做到這一點,最好的辦法就是在你被他人的需求淹沒時,勇敢的表達自己的真正感受。

- - -

「漏」這個字除了形容不該有的滲水之外,也可以用來描述正常管道之外的訊息傳達。自以為安全而舒適的人,發現自己的訊息洩漏之後,一定會拚命想要防堵洩漏。儘管我們可能覺得自己沒什麼事情好隱瞞的,但要是我們的情緒開始洩漏,不管怎麼努力都難以控制時,還是會對這樣的暴露感到不安。

77

遭到蜘蛛的威脅

你原本感到輕鬆自在，卻突然發現有一隻很大的蜘蛛會掉到你身上。雖然你平常並不害怕蜘蛛，不過**當你看到牠正在你頭頂上，還是感到很害怕**。或者你發現自己身陷在黏糊糊的蜘蛛網裡，你越掙扎就纏得越緊。那隻蜘蛛也可能從螯牙滴下毒液，讓你看了非常害怕，擔心牠可能會咬你。或者，你也可能夢見遭到巨大章魚或海蛇的威脅。

- - -

夢見被蜘蛛威脅，代表你對日常生活中的某個特定狀況感到情緒有點糾結，令你覺得很焦慮。情感或情緒的糾纏，對你的快樂和幸福構成威脅，因為**你會擔心自己受困於複雜狀況，無法動彈。**這種複雜的情緒往往是因為家庭狀況帶來的，或者跟戀愛有關係。也許你對一段關係做出承諾之後就開始感到焦慮，擔心會占用你所有的時間和精力，到最後變成一個難以逃脫的棘手局面。這個陷阱儘管很堅固，但整體而言非常精巧，是隨著時間慢慢累積起來的，有許多不同的線交織在一起。

害怕被毒蜘蛛咬傷，表示你不想捲入話語爭執，跟自己關係親近的人吵架，你認為如果發生這種事一定很痛苦，而且可能讓你無法採取進一步行動來解決問題。夢見被海洋生物攻擊，則是陷於浪漫關係中較為常見的夢。章魚觸腳的伸張，海蛇的扭動纏繞，象徵你內心深處升高的強烈情感，讓你擔心自己會承受不住。這同時代表你的潛意識擔心自己陷溺過深，可能引發強烈的嫉妒心，變成一個愛吃醋的大怪物。

- - -

這個夢是鼓勵你：趕快**擺脫羈絆糾纏**，從情感的困局走出來。要讓自己脫困似乎不太容易，因為身處其間錯綜複雜，有許多因素似乎把你拖住了。雖然你有能力掙脫，卻又擔心自己的行動可能會讓某些人失望。要讓自己脫困最好的辦法，就是用一種比較超然而客觀的態度來看待問題，把自己真正的感受說出來。**你越是誠實的表達自己的情感，那麼關係中牽涉到的每一個人都能獲得越多的自由。**

- - -

雖然大多數的蜘蛛都是小而無害的生物，很多人對牠們還是抱有某種**非理性的恐懼**。我們一向被灌輸許多蜘蛛特質的故事，從雅典娜（Athena）與奧拉克妮（Arachne）的希臘神話，到現代冒險故事中的蜘蛛俠。這些故事裡有許多是涉及家庭中的內訌和背叛，我們在言語上也會這麼說，諸如：「陷入情網」、「被情絲纏住了」的說法。正如同蜘蛛結網一樣，身陷情感的糾纏通常是時間累積而成的，其中並沒有明顯的攻擊或侵犯行為。

78

夢境

你餓了想找東西吃，但就算你知道自己想吃什麼，不管你怎麼找都找不到。或者，你夢見自己跟別人一起吃飯，但食物不太好，或者吃不飽。儘管你特別找了家餐廳，盤中的食物卻不太對勁，但其他人吃的好像都是正常又健康的食物。你的**食物看起來就是不好吃或者不新鮮**，你寧可挨餓也不願把它們塞進嘴裡。

- - -

意義

夢見不好的食物，表示**你在日常生活中有些狀況讓你覺得缺乏成就感，無法感到滿足**。食物代表你實現自我、滿足自己需求的能力，它們提供你探索並**善加利用機會的能量**。儘管你以為自己知道生活中什麼可以讓你更滿意，但你似乎很難找到你真正需要的。夢見跟別人一起吃飯，代表你正考慮如何從你們的關係尋求滿足。他們雖然可以滿足你的部分需求，但你覺得在這段關係裡卻有某些基本上是不健康的部分，它讓你感到異常的空虛和不滿。

　　餐廳通常代表你對目前工作的滿意程度，因此若是夢見不對勁的食物，表示你覺得現在的工作並不能滿足你。雖然周遭眾人似乎都對自己的工作樂在其中，但你就是覺得沒什麼胃口。在你目前的處境中，似乎缺乏一些新鮮的挑戰，你只是一次又一次的炒冷飯。如果你想提振自我對於滿足和成功的渴望，你必須繼續前進找到一些辦法，**讓自己的生活充滿豐富、多樣而更符合自己口味的經驗**。滋養你的抱負和期望，通常就能獲得更持久的滿足。

- - -

行　動

這個夢顯示的是：你所碰到的情況似乎不太能滿足你，跟你原先所希望的不一樣。雖然你花了不少心力為這個機會做準備，但它並未如你所預期的發展。這種狀況常常是因為你把自己的時間都拿去照顧別人的需要，而且很可能就是這樣才造成非常不健康的關係。你如果可以**更注意自己的基本需求，就能從照料他人之中獲得更多的滿足**。

- - -

背　景

我們的語言在談到滿足時，常常是採用跟食物有關的詞彙。我們說到滿意的結果，會說「成功的果實」；得到一個不想要的結局，那會「壞了胃口」。美味而容易吃的食物，代表輕鬆獲得的成就，所以很容易完成的事情叫「一塊蛋糕」（a piece of cake）或「跟吃派一樣不費力氣」（easy as pie）。對於比較困難、不好對付的狀況，我們會說「吞不下」或「咬不動」；規畫不夠完善的計畫，叫「不成熟」。要是你準備同時追求許多目標，我們可能告誡你「會撐死啦」！

79

OLDEN TIMES

回到古代

夢／境

你發現自己回到古代，可能是幾個世紀之前。**大家都穿著古裝衣服，讓你想到古裝片或歷史重現。**那裡的人所作所為似乎都很古老，全都是非常耗費勞力的方式，不過他們的目的似乎相當明確。大家都靠走路或乘坐馬車，那些日常配件就像是博物館的展示。我們認為理所當然的現代科技產品和基礎設施，那裡一樣也沒有。

- - -

意／義

夢到自己回到古代，表示你在日常生活中正在思考過去的經驗，以及它們對當前變化帶來什麼影響。雖然像是幾百年前的陳年往事，你的過去包含了許多寶貴經驗，而現在活動的基礎也是根據那些經驗而來。**夢裡那些古代人，象徵你性格上的不同面向，**那是你力爭上游之後，遺留在後頭的部分自我。他們穿著的古裝，代表你過去的模樣是如何回應面前的挑戰。這份歷史感，代表你正在拼湊過去經驗，搞清楚以前那些行動是如何讓你來到現在的位置。

那些人的活動顯得古老，以及耗費勞力的工作方式，代表你達到目前位置所耗費的辛勞。儘管你可能覺得自己很幸運的得到最好的結果，**你之所以能夠到達現在的位置，一直都是靠潛意識默默的引導。**他們依靠走路而沒有機械運輸設備，表示你一向利用自己的基本能量和動力來求取進步。那裡沒有現代科技，表示你一向運用智謀來表達自我需求，讓事情得以完成。對於自己的過去，你可能認為理所當然，但你當前的境遇有一大部分就是靠你的才能創造出來的。

- - -

這個夢是及時的提醒：在你的日常生活中，**過去經驗在塑造目前處境發揮了重大作用**。你過去的樣子說來也許是個遙遠的記憶，然而你現在仍然能夠取用過去所獲得的經驗和領悟。當我們展望未來的時候，雖然很容易忽略過去，但我們在探索未來機會所提供的嶄新可能時，也不應該害怕借鑒過去的經驗。

- - -

我們都會受到過去的歷史所吸引，以保存歷史遺跡和傳統文化來紀念它們。當我們研究歷史的時候，探究某段時期內一連串事件的發生，總是令人興致盎然，有時我們也會很好奇的想像，當年若某某或某某事情沒發生的話，不知道後來又會變得如何又如何。這種已經定形的因果關係，會讓我們覺得過去已經發生的歷史，也就只會是那個樣子，不會再有其他的開展方式。但是，如果我們可以更清楚的理解自己在生活中所做的決定，也就更能夠**運用過去經驗來協助塑造自己選擇的未來**。

80

遭到匪徒挾持

夢 境

你遭到一群匪徒的壓制，被挾持到他們的土匪窩，強迫你加入他們的行列。那幫匪徒似乎很瞭解你，對你的生活瞭若指掌，因此他們常常勒索你。**勒索的理由通常是說你欠錢不還，或說他們看到你犯下一些輕微小罪。**他們要求你為他們犯下別的罪，如此一來，他們就不會揭發你。他們也可能挾持你或你的家人作為人質，提出無中生有的要求。

- - -

意 義

夢見自己被一幫匪徒挾持、綁架，表示你在日常生活中已經加入一個群體，但似乎對你的時間和資源造成不公平的要求。雖然你覺得自己忠於這個團體，還是覺得他們似乎常常強迫你做一些你寧可不做的事情。這種狀況在家庭裡最常見，**你有時被迫參加一些不喜歡的活動，感覺家族其他成員以某種方式控制你個人的自由。**家庭成員也可能利用你的忠誠度來影響你，如果你膽敢不表現出對家庭的忠誠，他們就會讓你的日子不好過。

這種情況宛如情感勒索，然而這個團體雖然限制你的自由，另一方面卻也提供了安全感，所以你才更覺得難以擺脫。你也可能認為**虧欠家庭一份感謝**，所以你總覺得欠他們什麼東西似的，尤其是在他們包容你犯下的言行失檢和其他錯誤時。**感覺自己被綁架，也可能源自家人對你的期待，讓你覺得自己像是他們的人質。**這種狀況除了家庭以外，也可能發生在其他緊密連結的團體裡，當你覺得自己和團體的利益不一致的時候，就會造成忠誠感的矛盾和衝突。

- - -

這個夢的訊息是：你需要從更寬廣的視角來看待自己家人對你的期望和影響。**儘管你想尊重自己的家人，但你也需要能夠自己做出選擇，為自己負起完全的責任**。你的行為越能負起責任，你就能擁有更多的自由來忠於自我、滿足自己的需求。當你明白能夠滿足自我期待的人只有你自己時，你就能從他人過度期待的困境中解脫。

- - -

雖然大多數人不曾真正碰上黑道和匪徒，我們透過一些像《教父》（*The Godfather*）系列電影和電視影集《黑道家族》（*The Sopranos*）等，都能獲得豐富的文化訊息。以黑手黨而言，每個黑手黨組織基本上都是由特定的家庭或家族所形成，對於成員的言行舉止和榮譽守則，都各自有一套非正式，也不對外公開的規則。這些規則反映出一些期望，其中要求成員無條件的彼此忠誠，絕不上法院作證，不向警察透露情報，某些禁忌話題也不可以在家族之外公開談論。

8I

被狗攻擊

夢境

那隻跟你熟悉而友好的狗，突然對你咆哮低吼，牠作勢攻擊，讓你嚇了一跳，你連忙後退。但那隻狗還是不斷的靠近你，開始咬你的手和腳。你試著安撫牠，牠卻對你展開全面進攻，狗牙咬進你的身體。你擺脫不了牠，又擔心在某種程度上可能會傷害到這隻狗。這個夢也可能是出現更凶猛的犬科動物，如狐、豺、鬣狗或狼等。

· · ·

意義

傳統上，狗是人類最好的朋友，因此在夢中出現的狗通常是代表日常生活中你所扮演的忠誠和奉獻關懷的伴侶角色。你通常會對合作夥伴給予無條件的愛，希望他們也會如此待你。然而**不管你對他們是多麼的忠心，付出多少的關懷，你總是覺得自己沒有獲得回報，而失望不已**。你對那些你關懷的人感到生氣，但又不敢說什麼，因為害怕會惹惱他們。你無法維持誠實和開放，而是採取消極對抗的態度，講些酸言酸語。當你關愛的人因而閃避你時，你就撲上去緊咬不放，害怕他們會甩掉你。

　　如果攻擊你的狗是黑色的，表示跟習慣性的行為有關，你感覺鬱悶可能已經有一段時期了。如果是狐跟豺，表示你覺得自己遭到操縱，有人以某種狡猾而迂迴的方式在利用你的感情。夢見遭到一群鬣狗攻擊，代表**你覺得自己在表達情感時遭到別人的嘲笑**，而且他們對你不夠認真。遭到一群狼的攻擊，表示你對於自己家庭成員過度忠誠，但他們對你的無私付出卻未給予適當的回報。

· · ·

行 動

這個夢是要你思考：自己提供給別人的愛，以及你獲得了什麼回報。無條件的愛當然是代表慷慨和信任的美妙禮物，但是你若常常覺得自己必須這麼做，那就不是這麼一回事了。**這往往是出自於恐懼，覺得自己不討人喜歡**，才會以為只能靠這種方法來博取他人的喜愛。事實上，你不必去要求別人無條件的愛你，**你應該思考的是，怎麼樣無條件的愛你自己**。你對自己越有信心，別人對你也就越有信心。

- - -

背 景

狗是最早被人類馴養的動物之一，牠在夢中象徵著我們如何**馴服自己的本能天性和攻擊性**。儘管當我們長大成人之後，天生的本能通常已經受到相當的馴服，然而當我們的情感和忠誠度受到他人忽視的時候，這些天性就可能回復到比較凶猛粗野的狀態。人類跟狗一樣，都是社會化的動物，在我們追求共同目標的過程中，幾乎都會彼此忠誠以待，相互支持。正如同我們的犬科夥伴一樣，隸屬於社會群體的一部分，對人類而言是一種基本需求，我們都需要同伴，需要夥伴的保護，也需要跟大家一起玩。

82

夢↘境

你走進水裡，往下沉，直到整個人泡在水裡。那些水可能是在澡盆或者游泳池，或者你正在河裡或海裡。你原本感到放鬆，但突然發現自己的頭部已經淹在水面下，**你不能呼吸，感到很驚慌**。雖然你可能是在一個淺水區域，但你的腳不能踩到底，讓你嚇壞了，你不敢把嘴張開，害怕水會被吸進肺部。或者，你覺得自己一定會淹死，卻又發現自己在水裡也可以呼吸。

- - -

意↘義

夢見浸泡在水裡，表示在日常生活中有某種狀況讓你覺得自己深陷在情緒波動之中。水在夢中通常代表你的情感和情緒；進入水中，代表你置身於會挑起極大情緒反應的環境裡。**沉浸水中，代表你所經驗到的事物引發純粹的情感反應**，你目前正身陷其中。如果水是來自於澡盆，表示這屬於非常個人的情況；如果是在游泳池，通常跟工作生活有關。如果是在河裡，表示你經歷了讓你覺得相當感動的經驗；如果是在海裡，表示你對於更廣泛的生活事件產生情緒反應。

頭部象徵我們的想法，代表理性分析狀況的能力，所以如果頭部浸泡在水中，代表**你的思考正被情緒所淹沒**。呼吸代表以合乎邏輯的方式來表達自己的想法，因此無法呼吸就表示你無法順利說出自己的感覺。在水中踩不到底，表示你開始覺得自己深陷其中，無法堅持自我。你害怕張開嘴巴，是擔心自己可能說錯話，使得你身陷的狀況變得更嚴重。感覺在水底下也能呼吸，代表你對自己的情緒反應開始感到自在，能夠輕鬆的表達自己的情感。

- - -

這個夢所反映的是：你目前的狀況讓你更能意識到自己的情緒反應。通常你的情緒反應會相當劇烈，因此當你意識到自己置身於某種非理性的環境中，你會覺得相當震驚。當這些**情緒反應一波接著一波襲來時，你的本能反應可能是感到恐慌**，往往讓你的心情變得很難掌握。這時候不能驚慌，而是要盡可能的放鬆自我。你越能夠隨波逐流，就越能在這個很容易引發反應的環境中，把握住自己的情緒。

- - -

對於情緒感知的狀況，我們使用的形容詞彙大都跟水和置身水中的反應有關。如果處於情感失控的狀態下，我們會奮力掙扎以免「滅頂」，讓自己不會「沉浸」、「陷入」那些引發負面情緒的情況中，不會「向下沉淪」。如果是睡眠時打鼾特別嚴重，甚至有睡眠呼吸中止症的人，也可能會做這種夢。

83

碰到老朋友

碰到某個老朋友,有好幾年沒見到了,你感覺很高興。過去你們曾經相當親近,不過後來不知為什麼卻疏遠了。**跟老朋友在一起,讓你感覺很自在,非常放鬆。**你的朋友具有一些你非常欣賞的特質,碰到困難時,你也覺得一定可以依靠他們。你相信不管發生什麼事,你的朋友都會支持你,你也一定會支持他們。

- - -

夢到跟老朋友見面,表示你再次意識到某些忽略已久的個人特質。在日常生活中,你的那位朋友通常就能表現出那些特質,因此在夢裡,你就會以他們來代表你的那些面向。再次碰到老友,代表在你目前的環境中有某些問題,需要你重新啟動那些特質才能解決。也許是**你平時顯得毛毛躁躁,而你這個朋友比較鎮定沉著,因此你的潛意識提醒你此時必須冷靜一點。**或者你平時顯得較為安靜,但這個朋友則比較活躍積極,因此這是在鼓勵你冒險把握機會。

夢見朋友幫你擺脫某個不穩定的狀況,代表你在日常生活中正經歷某種緊張,如果你可以表現出跟那個朋友有關的特質,就可以加以解決。或者你夢到那個老朋友不理你,代表你忽略了自己某些獨特的面向。你的老朋友也可能具有了某些讓你欣賞、敬佩的特殊才能或技術,但你的這些才華卻一直找不到機會表現出來。雖然現在表現出這些才華的時機有點奇怪,但那正是你自我本能的一部分,只是你一直忽略了。多加探索這些才能,你才能更瞭解自己的才華。

- - -

行動

這個夢的訊息是：你擁有一些遭到遺忘的才能或個人素質，你會很高興重新認識它們。你目前所面對的情況，正是表達這項天賦的絕佳時機。要公開表現這些才能，你可能感覺有點尷尬，寧可是由別人而不是你來做這件事情。但是**藉由表現出自己蟄伏已久的才能，你將能夠跟更深層的自我相連結**。儘管這麼做在一開始可能有點讓人不舒服，但你會很快認識到這些遺忘部分的真正價值。

- - -

背景

選擇朋友往往是出於潛意識和本能，那些我們欣賞和敬佩的特質通常會吸引我們，跟我們自身**形成互補**。在我們經歷生活之際，朋友可能來來去去，但雙方共有的交情和往來仍然有其意義。朋友是我們吐露祕密的對象，你信任他們，能夠對他們展示自己脆弱的一面。英文中的「信賴」（confide）這個字，來自於拉丁文confidere，意即對某些事物「懷抱信心」、能夠「信任」。當你能夠自信的發現自己的特質，你的朋友就能證實你對你自己的信心。

84 | DERELICT HOUSE
廢棄的空屋

夢 ↓ 境

你回到自己的房子，發現它變成沒人住的空屋，連牆壁都快垮了，你感到非常震驚。雖然你不曾意識到它已經荒廢，但還是不敢相信你會讓自己的房子爛成這個樣子。你想好好的整修一番，又覺得自己沒有足夠的資源和技能。**地板搖搖欲墜，屋頂破洞，壁紙剝落，窗戶破損，這一切讓你感覺非常不安。**你站在這片瓦礫堆上，覺得連牆壁都快垮了。而附近通常還會有一幢堅固的新房子。

- - -

意 ↓ 義

夢到廢棄的房子，代表你在日常生活中忽略了自己的某些面向。夢裡的房子通常就是代表你自己，房子看起來越堅固、安全，就表示你認為自己越安全。因此發現房子遭到廢棄，讓你感到很驚訝，表示**你一直都沒察覺到你忽視了自己。**快要垮掉的牆壁，表示你信心不足，不敢堅持自己的信念。搖搖欲墜的地板，表示你在某個特定的狀況中，不知道要堅持什麼立場，不知道下一步該怎麼走。

窗戶代表你對特定狀況的認知和看法，破掉的窗戶表示你覺得必須拼湊更多訊息，才能瞭解實際上發生了什麼事。屋頂代表你覺得自己的思考是否完整，屋頂有破洞表示你**擔心自己的認知可能有盲點，或跟事實有所差距。**缺了牆壁，表示你在自己和他人的需求之間，需要建立更為明確的界限。如果發現廢棄的房間，正呼應上述判斷，代表你花費許多時間來照應他人的需求，卻忽略了自己。發現附近有堅固的新房子，表示你只要稍稍改變自己的看法和立場，就能獲得安全和完整。

- - -

這個夢是要提醒你忽略了一些個人天賦和獨特才能。太過在意他人需求的時候，就很容易忽視自己的能力，因為相較之下似乎顯得不太重要。你越不注意自己的需求，感覺就越糟糕，而你照應他人的需求，也會變得更沒效率。**想確保照應每個人的需求，最好的辦法就是要先跟他人有所界限**。界限越明確，你就感覺越安全。

- - -

我們通常把自己的家，跟長久的安全、幸福畫上等號，所以我們去到某地而感到滿意時，可能會說「就像回家一樣」或者「感覺像是在家一樣自在」。我們在整修房子上也許會花費許多時間和金錢，但我們對於自己的福祉安康卻往往不夠注意。我們很樂意自己動手整修房子，讓它變得更有價值，卻不曉得要花時間來**提升我們自身的價值**。房子需要定期檢修才能維持它的價值，同樣的，我們也要對自己付出心力，才能維持良好狀態。

85

ABDVCTED BY ALIENS
被外星人綁架

夢境

夢見被外星人綁架，通常會從一些奇怪的焦慮感開始。你周圍的事物也許看來都很正常，不過你會感覺有什麼東西不太對勁。你覺得身邊那些人可能都是外星人，而它們正準備劫持你。雖然它們的外表看來都很正常，但你知道它們只是假扮成人類的異形。你想跟它們溝通，但它們好像無法理解，只是強迫你跟它們走。儘管你已經逃走或被釋放，卻仍然覺得它們運用高科技工具在監視你。

- - -

意義

夢見外星人，代表你在日常生活中碰到某些讓你**感覺陌生或奇異的狀況**。夢中被綁架，表示你覺得自己無法控制那個局面，覺得自己被迫要去做些什麼事。剛進入新工作、新社區或者才剛遷居國外的人，就常常會做這種夢。雖然你碰到的那些人看來都很正常，但他們有自己的文化和風俗習慣，對你而言是個完全不同的世界。你可能會覺得自己被迫要融入其中，以後再也不能回復正常的自我。

這些你新近接觸的人，也可能是操持自己的語言或術語，讓你覺得很難跟他們溝通。受到奇怪的科技監視或為難，表示你在這些不同以往的環境中，需要去暸解新制度，學習新做法。但是你之所以發現自己**置身於陌生環境，其實是你自己帶著潛意識需求，想要去探索一些新機會**，因此而開展出自己未知的一面。你還不太熟悉你個性的某些方面，你越是深入探索，它們就會變得越重要，讓你的內心世界越完整。

- - -

這個夢是邀請你探索自身之中未知的陌生領域，但是你因為**會跨越自己習慣的舒適區**，而感到有些不安。這些變化似乎會讓你覺得害怕，但它們也是學習新技能的機會，可以趁這個機會發現自己生活的目標。雖然你可能沒興趣更深入的瞭解自己，但你必須**對各種新的經驗保持開放心態**，才能掌握那些意想不到的機會。

- - -

外星人綁架好像是現代才有的主題，不過老祖宗們很早就夢過**天使或神靈**帶走他們的身體，或攝取他們的魂魄。現代英文「惡夢」（nightmare）這個字來自古英文的night maere，指的就是某種劫持做夢者的夜魅邪靈。儘管在一九五〇年代的軌道飛行和太空探險之後，外星人話題才日漸流行，但是過去的許多人類社會早就經歷過言語、習慣殊異的外地人入侵。這些侵入者施予的統治，可能不被當地人接受，但他們通常也會引進許多新技術，帶來更寬廣的世界觀。

86

困在廚房

夢境

廚房裡又悶熱又潮濕，但你好像困在裡頭出不去。廚房本就擁擠，中間還擺了張大木桌，裡頭的家具又大又舊。你覺得在裡頭很難走動，還要處理那些盛著熱湯熱菜的鍋碗瓢盆。在那裡要做的事情，似乎都是又麻煩又混亂，而且烹飪的氣味也實在太強了。你好像要準備很多、很多食物，但都不是你自己要吃的。

- - -

意義

夢見自己困在廚房，表示**你在日常生活中，覺得自己陷於某些負責栽培、養育的角色**。房子裡的各個房間是代表你個性上的不同面向，而**廚房反映你為自己和他人創造滋養和滿足經驗的能力**。儘管你想從這個角色再向前邁進，但似乎又難以脫身，讓你覺得既不安又煩惱。夢中的家具通常代表習慣和行為模式，因此舊式家具可能是那些令你覺得不堪重負的習慣性義務。大餐桌通常代表人際關係，因此看來**你似乎覺得有義務照顧他人**。

發現在廚房裡難以走動，表示那些義務讓你覺得綁手綁腳，令你深感挫折。盛裝著熱湯熱菜的鍋碗瓢盆，代表你心底那些不滿就快爆發了，卻又不知道向誰傾訴，因為你害怕惹惱他人。光為他人準備食物，而非為你自己，表示你犧牲自己來滿足別人的需求。這實在是非常糟糕的事情，因為你無法去實現自己的計畫和夢想。儘管你無私的照顧他人，希望獲得他們的注意和讚賞，但你有時也希望換別人來照顧你。

- - -

行｜動

這個夢的訊息是：你花費了許多時間在照顧別人的需求，因此你發現很難去照應自己的基本需求。儘管對於照料他人，你已經相當習慣，但你也經常因此感到沮喪，因為似乎沒人會來關心你。然而**不停的照料他人，有時候也是一種微妙的控制**。你不該總是在迎合他人的需求，你必須學習放手，看看結果會怎樣。

- - -

背｜景

廚房是我們將食材原料轉化為營養滋補品，以維持我們生命的地方。語言上關於**創造努力**的形容，很多即是引用廚房和烹飪意象。例如：需要多做準備，不必急著推展的事情，需要「再醞釀」；某事蔚為風潮或受到大家的注意，謂之「熱呼呼」或「沸沸湯湯」；協調安排，叫做「調理」。當我們覺得自己的努力受到忽視，也會用烹飪相關詞彙來表達自己的不滿，比方說：「氣到冒煙」；以「沸騰」來形容局勢失控；自作自受則是「自食惡果」。

87 | CHEWING GLASS
嚼玻璃

夢境

你原本很正常的跟一些朋友或同事講話，突然發現自己嘴裡有些什麼非常銳利的東西，像是玻璃碎片或刀片。儘管你很小心的開口，每講一句話總是要畫破自己的嘴。鮮血開始從你的嘴裡流出，沿著臉龐滴下，你擔心自己可能吞下這些鋒利的碎片。你也很焦慮，擔心嘴裡的血可能會害你嗆到。這個夢的另一種版本是，夢到嘴裡塞滿了會螫人的昆蟲，例如：蜜蜂或黃蜂。

- - -

意義

夢見嘴裡正嚼著玻璃碎片或其他鋒利的東西，表示你在日常生活中，正思考你跟他人溝通時，是否**出言太過尖銳**。我們的嘴巴裡除了有牙齒之外，還有許多柔軟的肌肉和組織，是用來表達自己的話語。嘴是我們身體中最敏感的部位之一，因此發現嘴裡含著某些鋒利的東西，一定會讓我們很驚慌。雖然我們嘴裡不太可能含著玻璃，但有些尖銳話語卻常常從嘴裡吐出。儘管這些尖銳言論也許只是說說而已，但言者無心、聽者有意，也可能讓別人非常受傷。

當你覺得自己**受到威脅時，可能會運用銳利詞鋒為自己辯解，或捍衛自己的立場**。即使你小心的選擇自己說的話，你還是可能會傷害到別人的情感，而尖嘴利舌的發表批評也可能會傷害到自己，讓你煩心。鮮血代表你最深切的感受，雖然你努力想阻止鮮血流出，甚至想吞下去，它們還是繼續往外冒，讓大家都看見了。如果你被迫收回前言或坦承錯誤，也許會擔心尊嚴受到傷害。蜜蜂或黃蜂在嘴裡，代表你擔心自己言語帶刺，讓他人感覺不適。

- - -

行 | 動

這個夢是在暗示：你對於自己宛如剃刀般的鋒利機智，也許應該要更小心謹慎，言詞必須更溫和，並且**坦然接受自己的脆弱**。你不該時時攻擊他人，以捍衛自己的立場，可以試著**採取更溫和的言語，來化解當前面對的分歧**。堅持不必要的立場會帶來緊張和壓力，蓄意表現出頑固而強硬的模樣，到最後可能反倒壓碎自己脆弱的信心。只要守住道理，儘管是輕聲細語，也比尖銳批評更能發揮效力。

- - -

背 | 景

我們的語言在描述侮辱和爭執時，大都是採用傷害和切割等喻義來形容。在人類使用工具之前，最基本的切割方法就是靠嘴，而嘴也是我們產生和發出話語的器官。在當代文化裡，嘴仍是捍衛自我、攻擊他人的主要方式之一。我們可以不必利用肢體來痛打對手，讓他們受到身體上的傷害，光靠嘴就足以突破對方的防禦，解除對我們的威脅。

88

UNINVITED GUESTS

家裡來了不速之客

夢境

你一個人在家，正享受著輕鬆而平靜的好時光。突然你發現自己原來不是單獨一人，房子裡傳來其他人活動的聲音，也許還有一、兩個人會從房門探頭進來，看你在做什麼。你走出房間察看噪音從何而來，結果發現滿屋子都是陌生人，但他們似乎都不管你，逕自從你身邊來來去去。雖然其中有些人是你認識的，但大多數都是陌生人。

- - -

意義

夢見家裡來了不速之客，通常表示你在日常生活中開始意識到某些成長和發展的好機會。在自己的房子裡感覺放鬆，代表你感覺到在家裡的輕鬆自在，希望可以在家享受平靜時光。但是不管你在意識上想要如何放輕鬆，那些機會都不斷的吸引你的注意。那些**進到屋子的陌生人，代表那些可能性，雖然你也許不想理會，但它們會一直在你身邊來來去去**，直到你注意到它們為止。剛開始的時候，也許只出現了一、兩個機會，但在你仔細探究之後，你可能就會發現機會多到讓你不知從何選取。

夢中出現的人，通常代表你個性上的不同面向。朋友和家人往往象徵那些你熟悉的特質，而**陌生人則是你需要進一步探索和開拓的領域**。那些陌生人不理你，其實是反映你忽視自己的潛能，你必須跟更多人分享自己的能力才對。如果你越是撤退到自己的個人空間和私人世界，你的才華就越難受到激發。儘管這個夢好像是你的隱私受到侵犯，但它實際上是要提醒你自己注意那些還沒開發利用的潛力。

- - -

行 動

這個夢是要提醒：你個性上那些未開發的領域，可能對你非常有用。我們很容易讓自己退到某種比較放鬆、比較自在的例行活動，但是如此一來你也失去那些可以讓你更有作為的機會。你越是抗拒那些個人的機會，你在那些原本該是輕鬆自在的時刻就越感到不安。雖然那些平靜時光令你很受用，你可以用來放鬆和反省，但**你在放鬆自我和探索未知之間，也該好好平衡**，跨越自己的舒適區，經驗一下它的外頭還有什麼。

- - -

背 景

人類雖是社會的動物，但**我們也都需要自己的私人空間**。人類學家愛德華・霍爾（ Edward T. Hall）提出「空間關係學」（Proxemics）的概念，描述人類儘管是在擁擠的情況下，也都需要並維護自己的個人空間。那些讓我們不會感到焦慮，或得以擺脫焦慮的舒適區，通常也就是我們的個人空間。然而那些最成功的人，通常就是因為他們**勇於跨越自己的舒適區**，雖然我們似乎置身其中才能覺得舒服和安全，但那份安全感也可能是虛假的。

你正找路通過某個不熟悉的地方,卻遇到許多滑溜溜、四處扭動的蛇。通常牠們會出現在你前面的坑中,或者在你四周爬行。你非常焦急,害怕自己可能會跌倒,你怕自己撲倒在地,蛇就可能會爬到你身上來。或者,有些蛇已經豎起身體,似乎準備用牠們的毒牙攻擊你。其他的蛇則是朝著你爬過來,準備用牠們的身體纏住你。

- - -

夢見被蛇包圍,通常代表**你在日常生活中正遇到好幾個可以改造自我的好機會**。雖然大多數人不常在生活中碰到真正的蛇,但這些滑溜爬行的象徵常常出現在我們的夢裡。蛇象徵變革的機會,通常代表你在日常生活中追求成長與成熟的能力。我們的皮膚是內在和外在的交會界面,你所有的行動和行為也都靠它來體現,讓大家看到。正如同**蛇要蛻皮**一樣,我們在健康成長的同時,也會拋棄那些已經沒有價值的行為。

蛇出現在坑裡或地面上,代表你必須採取一些實際行動,來**把握這些轉變的契機**。雖然你擔心這麼多的機會反而可能把你壓垮,但只要你能夠提振信心,就更容易向前邁進。蛇豎起身體和露出毒牙,代表你擔心開始改變生活之後,不知道別人會怎麼批評你。爬過地面的大蟒蛇,代表有些人可能在你大步邁向自己新未來的時候,蓄意限制你的自由。**很多人都害怕改變,因為改變就像蛇一樣,可能會威脅他們的生存。**

- - -

行 動

這個夢是要提醒你：在實際的生活中採取一些轉變的行動，來掌握個人的改變機會。對此你感到害怕，因為你知道在**邁向新生活之前，可能必須捨棄某些舊的生活**。然而拋棄那些老舊的習慣和自我設限的行為，會帶給你更多的自由，來追求個人的成長。你對那些新機會越開放，你對自己的新生活就會越滿意。

- - -

背 景

在所有的文化裡，蛇和爬蟲類幾乎都有著獨特的象徵意義。在牠們所代表的重要意義裡，甚至包括了**醫藥和醫療**，例如：代表執業醫生的「阿斯克勒庇俄斯之杖」就盤著一條蛇。許多製藥業者使用「許癸厄亞之碗」（Bowl of Hygieia）的標誌，也是一只藥碗上盤著一條蛇。蛇也象徵著轉變，因為牠們有能力改變自己的皮膚。當我們出現在這個世界時，都要先依賴一條像蛇一樣的臍帶，之後才會離開媽媽皮膚的保護，靠我們自己的皮膚誕生到這個世界來。

90

受到限制的入口

你正想到某個地方去，但在抵達目標之前，你必須擠進狹小的空間和一個很小的入口。也許是條狹窄的隧道或小巷，你被迫擠進窄小的門洞或入口，但**那實在太狹小了，似乎完全不可能容納你**。你可能被迫擠進箱子和某種管道，如通風管線或地下暗渠。當你正努力要通過迷宮似的地方，你越來越擔心自己可能半途卡住，最後以某種令人難過的怪異姿勢進退不得。

- - -

夢見擠進隧道或狹小的入口，通常代表你在日常生活中感覺自己的進展正受到某種限制。通常這個夢剛開始的時候，你會是在寬敞的地方，表示**你原本是有許多機會，未來似乎也大方的對你開放**，然而當你開始前進之後，很快就發現自己的選擇越來越少，漸漸連迴旋的餘裕都沒有。如果是夢見自己塞在岩石隧道或老式的小巷裡，表示你覺得是一些老舊習慣或頑固的權力者在限制你的行動。隧道的堅硬內面，象徵**規章法條的明確規範，限制了你的自由**。

你覺得自己受到緊緊的束縛，沒有機會擺脫那些規則。狹小的門或洞，表示你雖然想要去某個目標，但它的機會或入口似乎不太大。被迫擠進某種特殊空間，表示你覺得自己被迫做出不符合自身最佳利益的決定。擠進通風管線，代表你必須跟某些狹隘的程序規定打交道；擠進地下涵管，表示某些人期待你做出某些特定的表現。最後以不舒服的怪異姿勢卡住，表示你很擔心自己如果依照目前做法，最後可能被迫採取某種特定的立場或態度。

- - -

行動

這個夢是要告訴你：**你實際上可以選擇的機會，比你想像的還多**。你可能以為那些規章法則無可更改，你必須為了取悅別人跳火圈，但這些都是自我設限的想法，讓你難以邁出自己的步伐。你不必遵照別人訂下的迂迴路線，必須尋找自己的道路，去追求你的目標。你更應該**擺脫別人對你的過度期望**，讓自己從那些義務和負擔解脫出來，輕裝簡行的快速前進。

- - -

背景

當我們說到**抉擇的艱難**時，常常會用一些跟限制相關的詞彙。例如，我們會說「卡在半道」、「通過官方渠道」；勉強安排某事，必須再「用力擠一下」；即將出現轉機時，「在隧道的彼端看到一絲光芒」。被封鎖、阻擋的感覺，則是「走進了死胡同」、「碰壁」或「撞牆」。而形容機會到來時，則會採用寬闊、開放空間的詞彙來表達，例如胸懷大志的人「視野廣闊」、種種可能性對我們「敞開」等。

91

喝醉或藥物上癮

夢境

雖然你平素生活平和穩定，卻發現自己喝得爛醉或吸毒放縱，行為舉止完全不負責任，你在夢裡跟原本的個性完全不同。**你覺得自己已經完全失控，做一些清醒時絕對不會做的事情。**那些酒和藥物，你似乎永遠都喝不夠、吸不夠，你越嗑越想要。或者你原本不吸菸，但在夢裡卻發現自己抽個不停，儘管咳嗽、嗆到，還是照樣吞雲吐霧，一根接著一根。

- - -

意義

夢見自己喝酒過量或吸食藥物，表示你在日常生活中碰到某些想要逃避的狀況。你認為那個狀況對你有害，因此花了許多時間思考要如何擺脫。但是你卻一而再、再而三的捲入其中，不得脫身，你很不明白這到底是怎麼回事。雖然夢裡你依賴的是酒或藥物，但**現實生活中讓你沉迷上癮的，很可能是某個人**。你跟他通常是愛戀關係，雖然你被強烈的吸引，但你們之間卻有某種緊張不能解決，而且似乎很快就會失控。

　　這種**無能控制自我的感覺令你非常不安**，因此你很不願意承認什麼正在擾亂你的生活。就跟癮君子不時想要哈一口一樣，你的內心深處也有一股欲望，不斷的把你拖回去找那個人。儘管你明白長期而言這樣很不好，但心底就是藕斷絲連，讓你哪兒也去不了。沉迷若此，你當然很難保持一種健康的關係，既無力自拔於耽溺之中，也無法控制一些破壞性的行為。儘管你想毅然斬斷，卻還是一再的走回頭路，讓你覺得糟糕透頂。

- - -

行動

這個夢是提醒你注意：在日常**生活中有一個不健康的狀況，你卻習慣性的予以回避，不肯面對**。雖然尋求愛情和親密也是你的基本需求，你卻覺得自己這麼做很不值得。與其公開處理這個問題，片面想像所有的事情都會變得對你有利，似乎要容易多。然而你越是不能依循自己的價值，你就會越依賴別人讓你感覺良好。

- - -

背景

當我們在情感上對某個人有**不健康的依賴**，常常會用物質上癮的相關詞彙來形容，例如我們會聽到，「他像是一個我改不掉的習慣」，或「我需要斷癮才行」的說法。這種形容詞彙在流行歌曲中也相當常見，例如：〈你讓我沉迷〉（I Get a Kick Out of You）、〈愛上癮〉（Addicted to Love），還有〈愛像麻藥〉（Love is the Drug）。之所以上癮，許多都是想透過某種物質方式來滿足情感上的需求，但是在情感獲得真正滿足之前，這種方式可能導致強迫行為和心理依賴。

92

建築物著火

夢境

你看到遠方某處正冒出濃煙，發現是一幢你熟悉的建築物著火了。它通常可能是你自己的房子或你的公司。剛開始的時候可能只是小火，但現在已經變得很危險，活似煉獄一樣。通常是某個房間整個著火，**你害怕火勢會延燒到建築物的其他區域**。你環顧四周想找到什麼東西可以撲滅大火，但一切似乎都燒壞了，或搶救無效。雖然你想找消防隊或路人幫忙，但似乎沒人能夠幫你。

- - -

意義

夢見建築物著火，通常代表日常生活中有可能出現某種**極具創意的重大轉變**。建築物通常象徵真實的自我，因此那幢著火建築物的種類，就代表你哪部分有機會轉變。如果燒起來的是你的公司，那就是專業上的變化；如果是你的房子，則是個人方面的轉變。密切關係中的摩擦也可能點燃轉型契機，那會是討論激烈、情緒激昂的不穩定夥伴關係。儘管剛開始的分歧可能只是觀點上細微的差異，卻越演越烈而成激烈討論，最後引燃熊熊大火。

　　雖然大火只燒了建築物的某個部分，但你擔心會延燒到其他房間和區域。表示這問題原本是受到控制，僅限於局部，但現在你擔心它可能對你生活的其他領域帶來不利影響。似乎沒人可以幫你，因為**只有你才能支配、控制這股充滿激情和創意的能量**。你那些不受控制的熱情可能帶來嚴重的破壞，但你如果**學會駕馭它們，那會是力量和信心的泉源**。你不能被你自己的創造衝動消耗掉，你以熱情、大方的態度，引導、催化那些強而有力的變化。

- - -

行動

這個夢暗示：你需要採取一些創意行動，來改變自己的處境。但是不管怎麼努力，你覺得都很難引導自己的能量朝向建設性的成果。看起來最好的辦法似乎是盡可能把其中的熱情抽掉，但如此一來也會澆熄你的熱情，找不到未來的機會。你不要孤注一擲的消耗自己的能量，應該**以更有創意的方法來引導自己的能量**，以兼顧建設性和耐久性的方式，朝向大家都能接受的結果進行。

- - -

背景

房子和建築物代表我們的各個面向，**火則象徵創造轉化的過程**。只有人類學會利用火，我們利用火來進行改造和創造，因此它代表我們的創造精神。**火能創造，也能毀滅**。許多創造過程都牽涉到某個事物的破壞，從而產生另一個新事物。當我們說到創意或創造的心態時，我們會說「熱切」、「旺盛」，我們需要「熱身」，我們將要「燃燒自己的夢想」。

93

親近野生動物

夢境

在這個夢裡，你準備捕捉一隻野生動物，試圖馴服牠，跟牠做朋友。**那隻動物好像可以說話，還有其他神奇的力量。**你非常渴望親近那隻動物，可以撫摸牠，跟牠說話。儘管牠可能還具有相當的野性，但你一點也不害怕，不會想要逃走。那隻動物一開始也許顯得有點畏縮，或者好像不太配合，但你獲得牠的信任之後，發現牠可以跟你溝通，通常還會提供你一些寶貴的意見和看法。

- - -

意義

夢見親近野生動物，表示<u>你在日常生活中逐漸意識到且讚賞自己的天性本能</u>。動物通常象徵你的潛意識需求和本能衝動，那是你經常試著馴服和控制的自我，因為你擔心它們掙脫束縛之後，可能興風作浪。那隻動物有說話能力，表示你開始能夠表達出真正自我，但你還想跟它們靠近一點，因為它們對你似乎很有魅力。雖然花了一點時間才獲得動物的信任，表示<u>你也要花點時間才會相信自己的直覺本能</u>。

那隻動物的種類，代表你更能接納的潛意識本能是自我的哪個部分。馬代表你個人的強烈動機和激情，你正試圖駕馭、利用它們；大象代表你越來越熟悉個人長處和生活歷練產生的力量。駱駝展現出你堅忍不拔、忍受逆境的耐力，你能夠長途跋涉，抵達自己生命的目標；熊強調你的獨立個性，也代表你對他人的忠誠；親近海洋生物，如海豚或鯨魚，表示你跟自己的情感更為親近。

- - -

這個夢是要幫助你更深入的連結自己的創造本能和衝動。**我們很容易懼怕自己的天性和本能行為，擔心它們不知道會把你帶到哪兒去**，害怕可能因此造成傷害。然而在某些理性分析無法參透的情況中，我們的直覺本能卻能發揮出強大力量。如果你可以更注重自己的本能意識，就越可能發現周遭那些微妙的可能性。

在我們三、四歲之前，通常夢裡不會出現自己，而是充滿了動物，那是我們正在探索自己的天性本能和衝動。我們小時候最先學會的語言，通常就是動物的名字和牠們的叫聲。但是在我們長大成人之後，往往**刻意壓制**自己的本能和衝動。不過在我們創造的事物上，通常也能很清楚的表露出來。英文「創造」（creativity）和「生物」（creature）都來自拉丁文的creare，意即「生產、製造」，而通過我們的創造，往往就能表露出自己的獨特天性。

94

困在監獄裡

夢境

你被鋼條包圍，裡頭都是一些金屬家具，生活設施非常少，而且一直有人監視，你突然發現自己不知道為什麼被關在監獄裡。雖然你不明白自己因何如此，但知道還要服刑一段期間。你經常被單獨囚禁，時間變得非常漫長，而且在牢中控制嚴格。對於你的困境，獄卒毫無同情，除了看守你之外，對你的生活也一點興趣都沒有。你想要說服他們，說你並沒有犯什麼錯，但他們根本不信，還是把你關起來。

- - -

意義

夢見困在監獄，通常代表你在日常生活中覺得自己**喪失一些獨立行動的自由**。這個狀況可能導致你必須依靠別人幫你做決定，你的行動必須經過他人的允許。如果你覺得你在工作場合或一段關係中必須扮演某個特定角色，這種情況就可能經常發生。那些鋼條代表你認為有些東西正限制你前進；生活設施很少，表示你覺得自己缺乏資源讓自己的生活更舒適。還要服刑一段期間，是因為你在真實生活中必須對某份工作或某個人做出承諾，只能等他們釋放你自由。

你覺得自己沒有真正可以交談的對象，因此感覺非常孤獨，但是一些習慣性的例行事務，讓你不能暢所欲言，說出對於自己處境的恐懼和懷疑。獄卒代表你的責任感，他們之所以會忽視你，是因為**這座監獄其實是你自己創造出來的**。你不想讓別人感到失望，才不願意從自己的承諾中釋放出來，結果你就被**困在那種錯誤的義務感裡**。儘管你想說服自己沒做錯，但是你所做的承諾只會讓你覺得坐困愁城而且孤獨。**釋放自己的關鍵，就是別再**

壓抑自我，說出自己的真正想法。

- - -

這個夢是要你更果決的再次為你自己的生活負起責任。雖然你可能感覺自己被困住了，但監獄其實也是個非常安全的環境，因此你可能只是想把自己鎖在那個安全的地方，而不願意冒險走向未知領域。你對別人做出承諾、承擔義務，這通常也是一種感覺自己被需要和接納的方式，但也可能<u>導致你過度依賴他人的情況</u>。然而，只要你為自己的決定肩負起更多的責任，你就能享有更大的自由。

- - -

我們小時候第一次覺得被困在一個自己不想待的地方，通常大概就是學校。儘管我們寧可四處亂跑，享受自由，卻被迫在教室裡傻坐，領受那些既沉悶又冗長的課程。我們要按表上課，不過我們知道下課時間到了又能獲得自由。這種被**困住的感覺，通常會延續到我們的工作生活**，覺得自己被限制住，必須扮演某種特定角色，日復一日做些沒什麼大不了的事情。

95

空蕩蕩的辦公室

夢境

你跟往常一樣準時抵達公司，卻驚訝的發現**同事一個也沒到**。你要進入公司或工廠時，你的識別證或安全密碼似乎已經失效。也許辦公室那些平日使用的設備也不見了，你花了許多時間來尋找平日使用的工具。或者那些工具都變成一些新設備，正等著你使用，但你覺得自己沒有被允許操作它們。你想找人幫忙，卻沒人回應你的請求。

- - -

意義

夢見工作場所空無一人，代表你在日常生活中覺得自己的專業能力沒有被充分認可和讚賞。工作場所通常象徵你運用獨特才能，發揮生產力、創造價值的能力。你的同事沒有按時出現，代表**你覺得自己的能力經常被忽視**，誰也不知道你在工作上的真正價值。識別證或安全密碼失效而不能進入特定區域，代表你雖然具備專業認證，卻因為某些原因而被摒棄於新機會之外。

工作設備和工具不見了，代表你明明知道自己有那個能耐，卻苦於找不到機會展現自己的技藝。嶄新的設備代表一些令人興奮的新機會，但你覺得自己沒有資格使用它們，顯示你欠缺探索這些可能性的自信心。儘管這些狀況看來像是大家都忽略你的能力，但這可能是因為**你忽視自己的能力，不夠珍惜自己的才華**。工作場所是你發揮才華，利用才能創造珍貴事物的地方。除非你自己先認知並欣賞自己的才華，讓大家都注意到，否則他們很難理解你的真正價值。

- - -

要讓這個夢發揮最大效用，你在日常生活中必須更加珍視自己的才能和技藝。這些才能讓你感到很自在，你對它們也很有信心，但這種情況反倒讓你覺得自己的能力很平常。**要讓大家知道、讚賞你的獨特能力，最好的辦法就是你要先開始承認和瞭解自己才華的價值**。你越珍視自己的能力，就越有信心在不尋常的環境下有所發揮，這會為你開啟一個新世界，讓你一展所長。

- - -

雖然我們挑選工作，似乎是根據它所提供的條件和待遇才顯得合理，但我們在工作中所尋求最根本的特質，則在於它的意義和目的。讓我們的生活擁有意義和目的，就是工作帶給我們的最大福利。**工作讓我們領會自我的價值，而不在於它會帶來什麼財富或物質報酬**。雖然我們可能會期待早日退休或換工作，但是我們的生活如果欠缺一份有意義、能夠激勵自我的工作，很容易就會變得茫無目標，不知何去何從。

96

夢境

鞋子不知道為什麼掉了，你只穿著襪子或光腳在外頭走路。通常你會發現自己在大城市裡頭走，懷疑沒穿鞋子要怎麼走到想去的地方。後來你會覺得沒穿鞋子其實無所謂，只是擔心別人會怎麼看你。不過，如果路面不平或潮濕泥濘，那當然是穿上鞋子比較舒服。你確定自己以前有很多鞋子啊，可是現在這唯一的一雙似乎也掉了。

- - -

意義

夢見鞋子不見，經常是代表你正**關心自己捍衛信念的能力**。你的腳象徵你的立場基礎，那是你堅定守護的原則和價值，是你在現實生活中立定腳跟的基礎。腳上穿的東西，代表你維護這些基本原則的能力，以及根據原則採取行動的步驟。在所有的衣物之中，**鞋子是最為個人化的物品，正如同你的價值觀，一定要跟你配合得恰到好處，不然你就渾身不自在**。鞋子也代表你的個性，失去鞋子表示你覺得自己正以某種方式失去自我。

由於鞋子代表著你的個人身分，它們的狀況也會反映出你目前的社會地位。掉了鞋子，也可能代表你覺得自己的社會地位正以某種方式流失。如果你最近剛結束某段關係，或離開某個特定的工作，擔心別人忽視你，這種夢境就可能會出現。儘管你認為靠自己也能輕鬆的前進，但要是碰到困難時還是有別人堅實的支援會比較好。以為自己只剩一雙鞋子，代表你太過依賴某個特定的立場或觀點，來取得自己所需的東西。

- - -

這個夢要說的是：你必須採取必要的步驟，**重新建立你在某個特定狀況下的立場**。雖然這麼做可能讓你感到相當不舒服，但這正是讓你更加瞭解自己真正價值的機會。這也是個好機會，可以理解別人在此狀況所採取的立場，從他們的角度來思考這些問題。你對自己的真正價值越是清楚，知道它們如何幫助你，就越容易挺身捍衛自己的信念，將之付諸實踐。

- - -

我們的祖先大概是從四萬年前開始穿鞋，一開始當然只是把腳部簡單的包起來，像是個足袋似的東西，來保護自己的腳。然而從那時候開始，鞋子逐漸成為重要的時尚配件，甚至到後來鞋子開始反映出我們的**熱望與嚮往**，還有我們的地位和財富。我們可以不必以行動和行為來判斷人，光看那雙鞋就知道他是怎樣的人。時髦漂亮而且擦得亮晶晶的鞋子，通常代表鞋子的主人行事中規中矩，處世圓滑。如果是穿著濺滿泥巴的工作靴，表示此人腳踏實地，看法實在。

97

鼠患或害蟲肆虐

夢 境

你發現置身於某個害蟲肆虐的地方,雖然可能是你家,不過通常是你的工作場所。就像遭到瘟疫襲擊一樣,那些害蟲通常是老鼠或其他昆蟲,造成周遭環境或財產等物質損害。你會試著安置陷阱或除蟲,但情況會變得更糟糕,牠們偷吃食物、啃咬電線、散播疾病,大肆破壞。不管你多麼努力想要消滅牠們,害蟲卻是不斷增加,把所有事情都搞得一團糟。

- - -

意 義

夢見害蟲肆虐,通常代表你在日常生活中碰上一些小問題,卻感到越來越焦慮。個別而言,那些討厭的小事都沒什麼重要,但全部加起來就可能成為大問題,令人感到不安,也可能造成某種破壞。你夢裡的害蟲,可能代表你在某個情況中所碰到的一些微不足道的小問題和掛念。儘管對某些正在發生的事情,你不太想去理會,但那些**瑣碎的焦慮卻逐漸累積成嚴重的憂慮**,使得你的自信心正慢慢流失。雖然你想逐一解決那些小問題,但你似乎還不明白自己的焦慮源自何處。

看來你快被那些瑣碎小事打敗了,但這通常是因為你沒有從更寬廣的角度來檢視這個狀況。如果你要一個、一個去解決那些小問題,顯然就無法徹底解決這個情況,因為**你花費太多時間在那些小麻煩上**,反而搞不清楚問題的根源何在。這可能會讓你覺得受困其中,而變得非常沮喪,你會覺得不管自己多麼精心培養自己的才華,卻總是傷痕累累。在你能夠真正釐清問題之前,它們會不斷折磨你,讓你無法發揮正常的生產力。

- - -

行動

這個夢是要讓你知道，你在某個特定情況中似乎花費太多時間來處理那些小事，結果你反而沒空做出策略性的決定，錯失徹底解決問題的機會。通常這是因為你覺得處理那些小事，讓你感覺比較自在，卻缺乏信心去面對那些較大的問題。**拿出勇氣去面對問題的根源**，你才能夠徹底擺脫那些憂慮啃囓。

- - -

背景

說到不停折磨我們的挫折時，我們可能會說「像是臭蟲」、「嗡嗡作響、繞個不停的蒼蠅或蚊子」，碰上壞你大事的「鼠輩」，對那些「糾纏」厭惡不已。英文「害蟲」（vermin）這個字來自拉丁文verminatus，意即「腐敗生蛆」或「被疼痛折磨」。當我們受到憂慮所困擾時，感覺真像是心裡受到囓咬，逐漸被吃光掏空一樣。儘管「斑衣吹笛人」（Pied Piper）說不定可以幫我們解決鼠患，但要徹底根除挫折感最好的辦法，就是針對根源去解決。

98

隱形人

夢境

似乎一切都很正常，只是好像大家都看不到你。雖然你可以看見自己，但其他人好像都看不到。你可能是在某個社交場合或熟悉的情境中，你的朋友也都在場，卻沒人注意到你也在那兒。**當你試著融入其中，大家對你卻是視而不見**，不但對你絲毫不予理會，甚至目光好像直接穿透你一樣。或者，你可能察覺大家都會碰到什麼危險，但是儘管你一直提出警告，卻沒人注意你。

- - -

意義

夢見自己變成隱形人，表示你在日常生活中，無法如願的吸引他人注意。這通常是因為你在某個狀況中擔任幕後工作，雖然事情做得很成功，卻沒人認可你的貢獻。儘管我們可能認為沒人注意到你，錯在他人，但這個夢想要告訴你的是，你自己必須先願意讓他人認知你的才華。**如果你自己都不理解自己的才華，那麼別人就更難去欣賞你的特質**。這常常是因為你對自己的能力缺乏自信，擔心自己的失敗可能招致批評。

缺乏自信，代表你常常把別人的需求放在自己之前。你認為服務他人才能顯示出自己的價值，覺得靠這種方法才能獲得他人認可的回報。然而你的努力不能提起關注，別人也就不會認可你的努力作為回報，這就不令人意外囉。你不敢據理力爭，大聲喧嚷，反而認為閃避退讓，退居幕後比較容易。你要提醒大家注意的危險，其實是你正面對著忽視自己獨特性的危險。要鼓勵他人注意你，最好的辦法就是你要先開始重視自己的才華，才會讓大家更容易看見。

- - -

行
動

這個夢是要鼓勵你**提升自己的能見度，讓大家認識你的才華和真正價值**。雖然不要成為關注焦點，可能讓我們感覺比較自在，但如此一來，你的努力也大都被人忽視。你可能會以為隱藏自己的需求才是適切的行動，但你會因此錯失表達自我獨特性的機會。你越是能夠公開的展現自己的能力，你自己和他人才會更明白你的價值。

- - -

背
景

我們對自己能見度的感覺，跟我們在社會或團體中所感知的**地位高低**有關。如果自以為是地位低下的無名之輩，那麼我們可能會以為自己像個隱形人，而那些地位高的人則會是大家關注的焦點。除了社交場合之外，這種情況也可能出現在緊密或親密關係裡，有人可能感覺自己受到忽視，說：「大家甚至不知道還有我！」我們投入越多關注，事情就會越明顯，因此我們越是注意自己，才會讓我們的才能越是明顯。

99

洗澡淋浴

夢境

你覺得渾身又熱又濕黏，想要好好洗個澡，讓自己清爽一下。進入淋浴間時，發現所有的隔間都被占用了，或發現那些蓮蓬頭都安裝在非常奇怪的位置。最後你終於找到一個空位，可是裡頭非常暗，站在裡面讓你非常不舒服。淋浴開關很難扭開，或者吱吱作響，總算扭開之後，發現水量好小。通常一開始只流出一些黑黑的髒水，後來才變乾淨，暢快的流出來。

- - -

意義

夢見洗澡淋浴，通常代表你在日常生活中想要搞清楚一些跟感情有關的狀況，因為你覺得那些事情似乎有點混亂。這種夢通常是因為人際關係中的某些緊張所引發，你發現自己難以表達自己的需求，或者感到輕微的內疚。水象徵你的情感，因此淋浴通常表示你希望暢快的表達自己的情緒或情感，讓自己在特定狀況中可以維持清醒。尋找淋浴間代表你正在尋找合適的機會，開放自己的情感，或許也想釋出一些壓力。

發現淋浴間都被占用，表示你常常把別人的感受置於自己之前，**你花費太多時間來傾聽別人的問題，卻沒什麼機會表達自己的感受**。蓮蓬頭安裝在奇怪的位置，表示你覺得現在要說出自己真正的想法，或許時間和地點都不合適。你終於找到機會來表達自己的情感，卻又發現難以捍衛自己的立場，而且顯得太負面、批判太過嚴厲。你剛開始溝通的時候，態度可能過於僵硬，因此覺得很難說出自己真正想要的。儘管如此，你越是能夠開放自己，你就越能釐清狀況。

- - -

行 動

這個夢是在暗示你：某個讓你感到內疚的情感狀況，是該進行釐清的時候了。你也許覺得很難澄清自己真正的立場，因此正在尋找適當時間。但是你花越久的時間來等待機會，事情可能就會變得越糟糕。你不該無休無止的等待完美時刻，有時就是要**順其自然，直接說出你的所思所感**。雖然一開始看起來會有點混亂，但這樣對大家都好，所有牽涉其中的人都會更明白。

- - -

背 景

當我們說到內疚、罪惡感或某些情感困擾時，可能會覺得「很髒」、「感覺很亂」。而要擺脫這種混亂狀況，我們必須「清理」、「重新開始」。**洗澡放鬆可以清理我們的外在**，而要清理人際關係時，消極、被動的做法並不見得會有效。**淋浴象徵積極的清潔過程，讓情感酣暢表露**，可以幫助我們重新開始。

100

飛進未來

你雖然年齡沒變大，卻莫名其妙的到了未來的某個年代。大家都拿著閃閃發亮的奇怪裝置在說話，穿著很能讓人感到「未來」的服裝，但跟現代一樣，大家都有許多分歧的意見和狀況。那些新科技讓你非常感興趣，很希望利用它們讓自己更厲害。雖然一開始讓你茫無頭緒，不過你很快就明白它們要如何運作。儘管是到了未來，你還是不斷碰到一些過去的問題，而你以為那些應該都已經解決了。

- - -

夢到自己到了未來，代表你在日常生活中正思考如何讓自己進步，以及實現某些抱負。夢裡的未來通常是藉由科技進步甚至是革命性的進展來顯現，似乎是要穿越時空的旅行才到得了。通信裝置代表人際如何相互聯繫，而他們所穿著的衣服則代表互相表現出來的行為。雖然他們的穿著打扮閃閃發亮，很有「未來感」，但還是跟現代人一樣會有爭執、吵架。儘管你以為科技可以解決各種問題，人類的個性、行為模式所引發的問題，還有習慣和缺陷仍是處處可見。

　　仰賴科技進步帶你進入未來，代表你經常尋求外來的答案來推展自己的抱負。然而不管你依靠多少外在的支援，你還是要透過自己的內在，才能真正推動自己的希望和抱負。你夢見自己進入未來，也可能表示你對目前的情況感到不滿足，而現在就是向前推進的時候。雖然你想要找個輕鬆簡便的方法來做到這一點，但要向前推進通常就是要花費時間，要付出努力。你如果**更努力去探索自己的內在**，你就能更快邁向自己理想的未來。

- - -

行 動

這個夢是邀請你去探索自己的未來，更詳細的去考慮。你可能認為以後一切都會變得更好，但你知道自己必須先做些改變才能辦到。**你可以不必仰賴外在的援助，而是運用自己的想像力，穿透時間來設想自己想要的未來**。只要你開始做到這一點，建立自己的新世界，你的未來就會開始從各個方面自己展現出來。

- - -

背 景

在各種故事裡，**未來常常被描繪成理想的烏托邦**，大家背著噴射推進器飛來飛去，有取之不盡、用之不竭的能源，還可以進行無拘無束的太空旅行。然而，我們越是進入未來，越是會發現那裡不太理想。例如：阿道斯・赫胥黎（Aldous Huxley）的小說《美麗新世界》（*Brave New World*）和雷利・史考特（Ridley Scott）的電影《銀翼殺手》（*Blade Runner*）所描述的，即使擁有最先進的科技，溝通仍然是以人性為基礎來進行。進入未來最令我們滿足的方式，通常就是要先瞭解自己的身分、需求和信念，同時瞭解他人的身分、需求和信念。

關於做夢

ABOUT DREAMING

運用你的夢境模式
USING YOUR DREAMS

　　瞭解夢的含義，可以讓你更明白自己是誰，也更理解自己想要什麼，相信什麼，不過要把這些驚鴻一瞥的訊息用在實際生活中，有時候可真是不容易。然而如果你能更接納這些潛意識創作的故事，你就越能記住這些夢境，讓它們幫助你釐清很多事情。不過你不必過度專注於某個特定的象徵或符號，而是要去注意夢的模式。這些你在夢裡創造出來的模式，才是你日常生活經歷最真實的反映。

　　我們書裡所討論的這一百種夢的模式，即是你可以將夢境化為實際行動的步驟。同時，你或許也發現這些基本主題互有關聯，相互構成一些更龐大、更複雜的敘事。你可以利用這些更龐大的模式來創造更為廣泛的理解領域，讓你在日常生活中可以採取更可靠的行動。即使是在最複雜甚至看似離奇的夢境中，你都可以發現這些基本模式，而且可以利用它們來作為理解訊息的基礎，那些訊息正是潛意識為你自己創造出來的。

　　例如，你夢見自己「被追趕」，通常就是因為你在日常生活中有必須解決的某種緊張；夢見自己「跌倒、失足」，表示你在日常生活中碰到某些狀況，你必須放鬆自己、放手自任，不要太過執著。那麼當你夢到自己「被追逐，最後掉下懸崖」時，就表示你必須放鬆自己，對某個特定狀況不宜過度執著，才能解除其中的緊張壓力。假如你能做到這一點，你可能會夢見自己「飛翔」，因為你已經卸下一些自我設限，獲得了解放和自由，感覺肩上的重壓已經去除了。

這樣的認知也能以相反的方向來運行，從你的日常生活進入夢裡的世界。如果你在生活中花了很多時間在做準備，希望盡可能做到最完善，但有時候仍然感到焦慮，覺得自己可能錯失重要的機會，那你很有可能會做些像是「不停打包行李」或「錯失飛機航班」的夢。這些夢的主題通常就是你急急忙忙的要把許多東西塞進行李箱，希望自己可以準時到達機場。當你在夢裡發現這些可資確認的模式時，你就應該在現實生活採取相關行動了。

你的潛意識認知，就是一種你所擁有威力最強大的個人資源。它會不斷的觀照你的身旁四處，反映出所有能夠幫助你釐清日常生活的各種暗示和線索。當你受到某些事物所吸引，或者突然有了某種直覺預感，那就是你正在運用自己的潛意識認知。要是你發現某些事讓你覺得很巧合，或者感到很幸運，那可能就是潛意識為你發現的機會。你的夢和潛意識認知，可以對你的日常生活提供莫大助益，然而如果你不採取對應行動，那麼夢也只是夢而已。

燈光、枕頭和行動！
Lights, Pillow, Action!

把你的夢付諸行動！甚至是在你關燈安睡之前就可以開始。要瞭解自己的夢，先決條件之一就是要先記得你夢到什麼。很多人以為他們睡覺都不做夢，但其實每一個人都會做夢，沒有人不做夢的，因為這對我們的心理和生理健康都很重要。我們在「快速眼動期」（REM）做夢最為活躍，如果剝奪睡

眠中做夢最多的「快速眼動期」，我們的心理和生理很快就會陷入混亂，連日常生活中一些最簡單的事都做不好。我們睡醒後會很自然的忘掉夢境，是為了盡快適應清醒後的真實世界，不過我們還是可以採取一些步驟，幫助記憶自己的夢境。

記憶夢境的第一個步驟，就是要先創造輕鬆的睡眠環境。我們置身其中的真實生活很容易干擾夢中世界，因此臥房裡那些不必要的干擾最好先清除掉。放在臥室的電視、電腦或其他小裝置，都可能過度刺激疲憊的心靈，讓你很難進入深度睡眠。你要讓自己盡可能的感到舒適、放鬆，躺到枕頭上準備睡覺時，告訴自己：「今晚，我要記住自己的夢。」這樣就比較容易留住夢中影像和經驗。

等你醒來的時候，暫時先閉著眼睛，盡量不要移動身體大概一分鐘左右。讓你先不要動，這是因為只要你開始改變身體姿勢，夢中出現的那些影像就會開始消退。大約在五分鐘內，夢裡的影像就會有一半退回到你的潛意識裡，到了大概十分鐘之後，大部分的影像就都溜走了。當然，如果你必須馬上起床的話，可能就沒辦法這麼做。如果你可以先躺著一分鐘不要動，就可以在日常意識層面上保留夢中的影像和感覺。

一開始，你可能很難看到任何影像，所以你要先注意那些夢裡的感覺。你在夢裡感覺快樂、焦慮、興奮或沮喪呢？當你更能掌握自己在夢中的感覺，影像就會開始出現。剛開始的時候，那些影像可能都相當短暫而且模糊，等到它們逐漸進入你的意識層面之後，你就可以把它們串聯在一起，成為一個連貫的夢境。多練習幾次之後，你就會越來越自在，也越來越容易記住夢境。

既然夢可以讓我們更深入、更廣闊的察覺和理解日常生活，那麼我們會如此輕易忘記夢境，說來可真是不太尋常。在人類演化的基礎上，之所以會遺忘夢境，是為了讓我們醒來之後能夠很快的分辨夢境和真實世界。在古老的年代中，我們必須迅速從夢境洞穴走進意識真實，這是為了能夠盡快處理可能的威脅。然而當我們的老祖宗開始在洞穴石壁描繪他們關於狩獵的夢境時，即從人類生活中提煉出許多我們共有的符號象徵。而記憶那些夢境和其中所表達的符號象徵，即成為一種演化上的選擇。

影響你的夢
InFLUENCinG YOUR DREAMS

　　雖然你會做出什麼樣的夢，似乎是不由自主、無法控制，但其實你可以用很多方法來影響你的夢。最簡單的方式，就是要對自己所做的夢有一些積極意圖。你躺在枕頭上，向自己保證一定要記住夢境，然後選擇自己要夢見某個事物。可以是某個你特別感興趣的東西，或日常生活中讓你感到緊張的事物。那些運用理性、邏輯思考難以解決的問題，如果改採我們的內在智慧和潛意識認知，往往就很容易解決。

　　瞭解夢境發生的階段，也對你影響夢境有所幫助。我們做夢時的第一個階段，叫做「入睡階段」（hypnagogic stage），亦即開始放鬆，慢慢進入睡眠的時候，這時候的夢境常常隨機閃現一些影像，大都是從當天經驗抓來的。這時候你的身體開始放鬆，整天累積下來的緊張開始消退，等到壓力全部釋放出來

的時候，可能會產生一個抽搐或痙攣。這個抽搐叫做「入睡抽動」（hypnic jerk），感覺像是從什麼邊緣掉落，當你「陷入睡眠」的時候。

在你的睡眠週期裡，夢中冒險即是其中的一部分。一般來說，我們晚上睡覺的時候平均會經歷五次睡眠週期，因此也創造了五場夢境。第一場夢大概會持續十到十五分鐘，之後依次拉長，到最後一個夢時，可能長達四十至四十五分鐘。到了最後一個睡眠週期結束時，你會通過夢境與清醒之間的過渡階段，叫做「半醒階段」（hypnopompic stage）。這個時候，你還在製造夢境影像，但對於自己的清醒越來越清楚。而這個時候就是練習「清醒夢」（lucid dreaming）的最佳時機。

「清醒夢」是瞭解自己正在做夢的能力，然後在還沒醒來的狀態下自覺的影響自己的夢境。剛開始要做到意識自己正在做夢，可是相當不容易的事情，因為你的意識很可能會把你叫醒。不過如果你多加練習，特別是利用「半醒階段」多做練習，你就越能夠在睡眠中保持清醒，影響自己的夢境。「清醒夢」最受歡迎的運用，是讓自己夢見飛往某個異國目的地，同時在這個夢裡享受一些親密的性愛經驗。

清醒夢除了能夠創造出特定的愉快經驗之外，也可以用來解決一些日常生活中更迫切的緊張。清醒夢並不會讓這些緊張自動減少，但它可以讓你瞭解緊張的根源，再針對這些原因來採取行動。清醒夢之所以讓人感到振奮，有一部分的原因是讓你瞭解到，在那個你自己創造的夢中世界裡，你是無所不能的，你可以做到任何你想做的事情。透過清醒夢來解決一些困難狀況，你也會瞭解到自己在日常生活中，也能夠創造出自己

想要的現實。

影響夢的物質
DREAM SUBSTANCES

　　要積極影響夢境最好的方式之一，就是要注意你的飲食和其他身體攝取的物質。我們常常做夢，這件事只是在大腦裡進行，然而身體的緊張和不適必定會影響你的做夢狀態。關於飲食如何影響夢境，存在著許多誤解，其中可說是歷史最悠久的謬論，就是說吃乳酪會讓你做惡夢。雖然食物可以影響夢境模式，但是其中的關鍵不在於那個食物是什麼，而在於我們的身體是否能輕易消化該種食物。

　　攝取容易消化的食物，我們的身體在入睡之後就越容易放鬆。而乳酪跟其他高脂肪食物通常比較不好消化，因此我們的睡眠就可能因此受到干擾，更容易忽睡忽醒。在這種狀況下，我們會更容易察覺夢境內容，但是因為身體並未完全放鬆，因此夢境內容通常也就不太愉快。其他諸如咖哩熱食或特別辛辣的食物，或者在睡前吃得太多，也都可能引發類似的焦躁。

　　有些東西讓你在睡眠中難以完全放鬆，使得夢境更為活躍甚至激烈。其中最可怕的就數尼古丁引發的恐怖惡夢，如果你貼著戒菸用的尼古丁貼片睡覺，就可能會做那種惡夢。吸菸通常會降低夢境的強度，所以戒菸的人會發現自己的夢境變得異常活躍，而且非常詳細、非常真實。最近有些戒菸的人在睡覺時也貼著戒菸貼片，讓身體緩慢的攝取尼古丁，這可能會引發他們最難以想像的瘋狂夢境。睡覺就是要讓身體獲得休息和療

癒，所以最好不要再貼尼古丁貼片囉。

　　酒精是一種溫和的鎮定劑，可以幫助入眠。不過酒精雖然可以讓你感覺更放鬆，幫助你入眠，但它的鎮定作用也很容易消退，這時候酒精就不再是一種鎮定劑，反而造成興奮作用。此外，酒精也會抑制睡眠時的「快速眼動期」，從而抑制做夢活動。當「快速眼動期」暫時受到抑制，等它再次恢復時，通常就會帶來更活躍、更可怕，也更激烈的夢境。而我們的身體在消化酒精時，也會帶來一些生理上的壓力，這個不安會反映在你的夢境裡，造成更多惡夢般的混亂和焦慮。

　　服用處方藥也可能降低睡眠品質，造成激烈的夢境經驗。諷刺的是，有些原本是要讓你睡頓好覺的助眠藥劑卻像酒精一樣，在藥力消退之後反而引發「快速眼動期」的激烈反彈，而帶來睡眠時的緊張和不安。抗憂鬱藥劑也同樣可能抑制睡眠時的「快速眼動期」，雖然這樣可以減少惡夢發生的機會，應該算是不錯的結果，但卻也讓服藥者難以運用自己的夢境，來解決日常生活中那些引發憂鬱的狀況。

惡夢
nightmares

　　雖然惡夢十分可怕，但它只是一種特定類型的夢境經驗，反映出自己情緒劇烈升高和感覺似乎要失控的狀況。惡夢雖然難以控制，其實也是你自己創造出來的，所以你可以採取某些方法來解決。我們之所以創造出惡夢，並不是要嚇唬自己或讓自己不安，而是為了讓你知道在日常生活中有某些事情失去平

衡。如果你不想理會這種失衡，你的潛意識就會開始提高夢境的情緒強度，夢境會變得越來越可怕，直到喚起你的注意為止。

惡夢最讓人不安的是，你會覺得自己無法控制它。當你的潛意識開始揭示一些令你遭受挫折的意圖，還有某些日常生活中尚待解決的緊張時，你通常就會覺得很可怕。雖然這樣的夢境可能是非常嚇人的經驗，但你其實是想告訴自己一些非常重要的事情，一旦你開始注意到那些問題，惡夢自然會消退。也許我們會覺得寧可不要做惡夢，但它可以幫助你找到具體的解決方案，消除你在日常生活中碰到的挫折和焦慮。

藉由理解惡夢中的夢境模式，你通常可以找到你要傳達給自己的重要訊息。我們在書中談到的許多模式，都可能出現在惡夢裡，透過那些提示，你就會更明白到底原因何在，幫助你更加理性的思考那些特定狀況，並制定具體行動方案來加以解決。要解決惡夢的問題，還有一個更直接了當的辦法，不過需要一點勇氣和自我控制的功夫。

通常惡夢進行到某個程度時，因為實在太可怕了，所以你會強迫自己趕快醒過來。這個時候其實是個關鍵時刻，但是你的本能反應通常讓你自己趕快從惡夢中清醒。這個時候才是處理惡夢的關鍵，因為這個時候你對夢境的情緒感覺最為強烈。如果這時候可以不醒過來，而是設法去找出讓你感到最害怕的到底是什麼，也就是說你要去面對那個惡夢，問它到底想要告訴你什麼。在那幾微秒的時間裡，也許整個夢境會讓你更害怕，但通常你就會聽到清晰而誠實的答覆。

你聽到的回答，就是消解惡夢的關鍵，因此你可以運用這

些訊息來採取必要的行動，解決日常生活中所碰到的那些緊張。惡夢通常就是情緒強度最高的夢境，因此要讓那些答案付諸行動，通常也是情緒上的極大挑戰。然而，如果你擁有那麼大的能量來創造出情緒飽滿的夢境影像，那麼你也就有能力在日常生活中採取堅決果斷的行動。你越是瞭解自己的惡夢，就越能夠影響自己的本能和情感，而不是任由它們控制你。

療癒的夢境
HEALING DREAMS

夢所帶來的最大禮物之一，就是它可以幫助你確認日常生活中的緊張，同時讓你知道如何解決那些問題。這些失衡狀況，通常會在你探索自己的真正個性、實際需求和真實信仰時產生。雖然那些失衡可能是捉摸不到的，但你在日常生活中受到的緊張可能讓你感到不自在，進而在生理上體現為疾病症狀。這種生理上的緊張可能帶來輕微的疼痛和痛苦，或者誘發更嚴重的病症，需要特定的醫療照護。

夢不但可以幫助我們解決那些可能導致各種病痛的不平衡，也可以用來預警某些即將發生的疾病。這種情況被稱為「前驅病狀夢境」（prodromal dreams），其名稱字源來自希臘文 pro dromus，意即「先行者」。由於夢的語言仍是隱喻的，因此在夢裡出現特定病症，通常並不代表真的會發生那種疾病，因此我們必須在夢境影像中另外尋找線索。我舉個例子。我有個客戶一再的夢見一些陌生人在他的花園裡蓋房子，卻完全沒有請求他的許可。那幢新蓋好的房子不但遮住他原本房子

的陽光，而且建築工事也造成一些公共管線的問題。

　　在此同時，我的客戶也開始出現一些泌尿問題，而且狀況越來越頻繁。我認為他夢裡那幢令他討厭的新房子，或許代表他身體裡也出現令人討厭的組織增生，所以我建議他趕快去檢查。結果發現他的膀胱表面長了一個腫瘤，不過要進行必要的治療卻需要排隊等候。這時候我們就要談到夢的另外一項功能了。夢不但可以幫助我們發現疾病，也可以應用在療癒過程。因此在他排隊等候治療期間，我們先採取具象化處理（visualization process）來對付增生的組織。我的客戶是熱衷賞鳥的鳥類學家，因此我引導他想像自己是一隻華麗而強大的金鷹，翱翔於無人海岸的清朗藍天之上。

　　而腫瘤細胞則是海邊一些小白兔。小白兔雖然無害，但是數量一旦失控可是個麻煩。因此在具象化的處理下，他的金鷹從空中俯衝而下，把兔子一隻又一隻的抓走。我幫客戶做了幾次這樣的輔導之後，他就可以開始自己按著這個方式操作。結果在他排到治療的時候，發現那顆腫瘤已經縮小到不必開刀就可以痊癒的程度。這可能就是我們做了這個處理的結果，或者也可能是因為生活和飲食習慣的改變所致。然而不管是哪一個，夢和具象化處理都帶給我的客戶強大的療癒經驗。

　　利用自己的夢來解決身體上的失衡，療癒自己的身體，讓自我再次感覺完整。夢跟療癒一直是息息相關的，根據歷史記載，早在四千五百年前中國的黃帝就利用夢來進行療癒。現代醫學鼻祖希波克拉底（Hippocrates）進行診斷的時候也經常利用釋夢，同時在傳統的「希波克拉底誓言」中提到的神祇阿斯克勒庇俄斯，乃希臘的療癒與醫藥之神，由祂而衍生出一種在

神殿過夜求夢的療法。病人在晚上睡在某些特定神殿裡，透過夢境來探索如何讓自己恢復完整，亦即運用夢來進行治療。

夢的身體
YOUR DREAM BODY

雖然你的潛意識認知似乎只跟心靈和精神有關係，但它實際上是同時體現在生理、情緒和精神層面。我們的身體，除了意識層面上這個有明顯感覺，可以觸摸到的身體之外，還有一個潛意識認知的身體。儘管你可能以為能夠完全感知到自己的身體，而且完全可以控制它，但是我們的身體仍然會在不自覺的情況下，做出手勢、移動和說話。這種身體的潛意識感知，就是夢的身體，表現出你所有的自然本性和生理本能。

你的夢的身體，界定出真正的自我，反映出你的真正需求，以及你會如何實現自己的願望，但是我們常常忽略掉這個真正的自我，強迫自己的身體以某些不自然的方式來表現。當你刻意去控制自己的身體，意圖在他人面前表現出某種特定形象時，往往跟你的真正自我產生矛盾而帶來極大的緊張。身體是活生生的、會呼吸的生物，然而我們對待身體不是讓它更自在的成長，反而讓它感到匱乏和苦惱，將它當作是可以任由翻折扭轉的物品。我們往往為了得到他人的好評而蓄意操控自己的身體，而不是讓它得到滿足。

控制身體最常見的方式，就是依照特定食譜嚴格限制自己身體的攝取食物。然而對於這種嚴厲的飲食控制，你那個潛意識中的身體通常會激烈反抗，結果使得自己的身材更為走樣。

你認為自己進食是為了攝取熱量，平撫身體的飢餓感，其實我們吃東西也是在滿足一些自己不知道的潛意識需求。這些需求清楚反映在你的夢境模式，而你的身體是胖是瘦，是健康還是不健康，其實都是根據你怎麼滿足自己潛意識需求而來的。

如果你夢見自己欠缺控制能力，你可能會藉由控制自己的飲食，來表現出對於自己生活的控制力。但最後的結果，你可能反而飲食過量，或者活活把自己餓死，或者就陷於過量和過度飢餓之間來回往復。如果你夢見自己的生活中欠缺某些東西，你也可能轉而以吃東西來尋求撫慰，你吃東西並不是因為肚子餓了或想攝取營養，而只是因為進食讓你感覺良好。無法滿足需求的夢，通常會表現在飲食習慣上，你會越吃越多，但是填滿肚子並不能滿足心靈需求。

暸解夢境模式的意義和訊息，可以幫助你主動辨識自己真正的需求和珍視的事物。你能夠更加重視自己的需求，找對方法來滿足自己，你就更加不需要利用控制飲食來控制自我。你的內在越滿足，你就越不需要依賴別人來評判你的外表。我們可能以為放鬆自我的管制將會造成外表身材的失控，但其實正好相反。你越能照顧自我的真正需求，那個自然而健康的夢的身體就越容易展現出來。

夢的心靈
YOUR DREAM MIND

我們的心智也許表現得像是身體的一部分，完全處於意識狀態下，但事實上在我們的內在還有一個更古老也更睿智的心

靈，會在潛意識裡吸收訊息，進行更深刻的思考，鼓勵和激發更為廣闊的想法。這個睿智心靈就是夢的心靈，它所能做到的事情，是我們的意識心智再機敏、再聰明都辦不到的。你的意識心智是以理性來運作，需要一些經過證實、確認的訊息才行，但是夢的心靈卻能容納矛盾和跳躍的可能性。它不需要掌握完全的資訊和事實，可以經由模糊的資訊片斷來創造認知。

在欠缺完整資訊的情況下，要做出理性決策非常困難，然而要處理那種含糊模稜的狀況，夢的心靈尤為擅長。由於夢的心靈的這種功能特質，當我們跨入未知領域和進行創新突破時，潛意識認知的表現就特別好。在那種時候，我們一連串的決策往往不是出於邏輯思考，而是仰賴夢的心靈以模式匹配和類比來進行更深層的認知判斷。除了愛因斯坦、波耳和凱庫勒等偉大的科學頭腦之外，還有許多人利用夢的心靈優勢來完成科技的重大發明和發現，這大概是其他方法難以達到的。

儘管電腦可能是最仰賴理性和邏輯的設備，但它的兩位原創者，查爾斯・巴貝奇（Charles Babbage）和艾達・洛夫萊斯（Ada Lovelace）也是運用潛意識心靈的夢而得。巴貝奇是劍橋大學的數學教授，他經常說起自己在分析學會（Analytical Society）工作時偷偷打瞌睡的往事。當他的腦袋趴在木桌上睡覺時，他的夢之心靈仍在探索一些不同的數字表。而他的夢讓他利用一些對數表發明「差分機」（Difference Engine），即是後來電腦硬體的先驅。

而艾達・洛夫萊斯則是英國的女伯爵，跟巴貝奇一起研究從「差分機」更進一步發展出來的「分析機」（Analytical Engine），這是一種可以進行程式運作的機器。當洛夫萊斯因

為生病發燒而頻繁做夢，她就是從那些夢瞭解到數字可以作為符號來運用，而分析機能夠像做夢的心靈一樣操控那些符號。洛夫萊斯利用這個領悟，設計出一系列分析機的運算，如今她被公認為世界上第一位電腦程式設計師和軟體作者。

　　儘管這樣的突破像是天才所為，但所謂的天才常常只是懂得以不同的方式來看待大家都熟悉的事物。夢的心靈可以打開狹隘的觀點，那些我們現在視為合理的想法，在過去曾經都只是個夢想而已。在英文的慣用語中，當我們面對、處理挑戰時，會說 sleep on it，意即多做考慮，而這裡的「睡覺」（sleep）最有價值的部分就是我們的夢。當你覺得自己卡在某個問題上，想要試著分散自己的意識認知，就可以讓你的夢之心靈運用潛意識運作來找尋各種答案。

夢的人際關係
YOUR DREAM RELATIONSHIPS

　　你在夢裡創造的人物，反映出你在日常生活中和那些重要的人之間的關係。那些夢裡人物代表你個性中的某些面向，那些都是意識層面所不知道的特質，同樣的，你在日常生活中也會在潛意識中對他人表現出自己不知道的特質。那些會吸引你注意的人，常常會反映出你的正面特質，但你自己並不知道你擁有那些特質。而那些你不喜歡的人，也可能反映出某些你在潛意識之下表現出來的行為，那是你的理性自我會刻意掩藏或摒棄的特質。

　　你可能不知道自己會反映出別人的特質，你可能會刻意隱

藏自己真正的個性，想盡可能表現出堅強和美麗給別人看。這種方式看似開放，想藉此增強自己對他人的影響，然而這並非直接勇敢的接納這些特質，而是透過別人的讚賞來肯定自己。即便是擁有某種內在優點，也可能讓你感到不安，因此你才會試著隱藏，希望自己符合某些美德的傳統規範。

當你在潛意識中表現出自我特質，你會本能的注意別人的反應。你的潛意識會自動檢查你所看到的他人反應，雖然你以為自己只是適當的檢查你的反射，你在不知不覺中判斷你所看到的，雖然你可能會認為自己是在評判他人，但實際上你是在評判自己潛意識中的某些特質。當你批評他人太過性急或喧鬧，很可能你自己就是想要表現出某種外向個性的行為，但意識上卻不肯坦承。當你覺得那些行為不正確，或是會讓你顯得脆弱時，這種對於自己行為的否定，是防衛本能的自然表現。

把自己不願意承認的特質投射到他人身上，可能讓你在人際關係的模式上，陷於一次又一次的相同問題。這是因為儘管你在人際交往的對象有所不同，他們仍然是一面鏡子，反映出那些你或許需要承認或解決的問題行為。這種情況在真實生活中並不容易發現，但在夢裡卻可以清楚辨識出那些一再出現的關係模式。瞭解自己在夢中創造出來的人物特質，你就可以開始理解你在日常生活中真正想要吸引什麼樣的人。

瞭解夢的人際關係，不僅對你的愛情和親密關係大有助益，也會讓你更明白，如何拓展和維護自己在專業上和社交上的人際關係。你需要的，不是在意識層面上知道自己要表現出什麼樣子給別人看，你需要的其實是更明白在某段關係中，自己真正是誰，又真正需要什麼。人際關係除了是你親近他人

的機會之外，它帶來的最珍貴禮物就是讓你更加深入的探索自我。

夢 的 旅 程
YOUR DREAM JOURNEY

　　跟出生和死亡有關的夢境，通常是最有趣也最可怕的夢境體驗。這些夢常常讓人感到很不安，特別是我們如果只從夢境的表面來解讀，以為它們反映著實際生活中關於出生和死亡的事件。然而夢裡關於生命的開始和結束，幾乎總是象徵著我們日常生活中某些特定過程的開始和結束。這些事情可能轉瞬即逝，正如你剛剛的呼吸一般，或者也可能是長期而持續的，就像是你的人生之旅。但是，我們所參與的任何事情和活動，也必定都有開始和結束。

　　幾乎在人類所有的文化中，都會利用出生和死亡來象徵事物的開始和結束，即將轉化到下一階段。出生的夢境宣示著新開始，或者某個寶貴的想法已經實現。當你夢見出生時，表示你意識到自己即將展開人生旅程的新階段。不過我們的潛意識也會捕捉身體或行為上的微妙線索，察覺日常生活中某些人懷孕或即將生產，從而把這些訊息編織到夢裡。

　　夢見出生可能感覺可喜可賀，夢見死亡則讓人不安和悲痛，讓你醒來之後還會感到焦慮和恐懼。然而關於死亡的夢，很少會跟現實生活中的死亡有關係。相反的，它們往往代表著你在日常生活中有某種基本性質的轉變正在發生。夢見死亡，代表日常生活中某些重要的事物很自然的宣告結束，而引發你

的注意和思考。這可能意味著重大改變，例如因為你已經有所成長而選擇離開舊工作，準備迎接新挑戰的機會。

夢見死亡，也可能表示現在正是繼續前進的好機會，你可能需要做些不同的事情，因為目前的狀況已經是條死胡同，別無出路了，所以你需要把自己的夢想和願望再次帶回到自己的生活裡。這表示你可能需要離開自己熟悉的領域，展開新的冒險，或者因為你覺得自己陷於某個讓你得不到滋養的關係之中，因此決定出走。當你轉變自己的生活時，常常就會夢見懷孕、生產或活力十足的小孩。在這些夢裡，你會覺得很高興，因為你已經拋卻舊日的生活，準備迎向新生。

你在夢裡體驗的新生和死亡，同時也是要提醒你注意生活中重要事件從開始到結束的過程，以及舊事告終、新事開始之間的新生轉化。對於你當前身處的過程越是明白清楚，你越能看清來龍去脈，知道自己從何而來又將去向何處。你不會因為當前狀況而悲傷，或者害怕什麼事情做不到，而是對於自己這個更為開闊的人生之旅抱以接納和讚賞，讓它帶引你更深刻的活出自己的夢想。

夢 的 生 活
YOUR DREAM LIFE

在擔任夢的心理學家的職業生涯中，我有幸跟許多表現非常優秀的客戶一起合作。如果不仔細觀察的話，我們會覺得這些天之驕子似乎要什麼有什麼，名聲、財富和成就樣樣不缺。其實在炫目浮華和魅惑魔力的背後，這些成功人士之中有許多

卻患有憂鬱症，或者私底下顯得意氣消沉。再深入探索他們的夢境後，更會發現他們在夢裡的表現，跟真實生活中的公眾人物性格和角色完全不同。我一次又一次聽到客戶說：「因為這樣才能賺錢付帳單啊，可是我根本就不是這個樣子。」或者，「這一路走來，也不曉得是在什麼地方，我好像遺失了自己。」

儘管大多數人的生活不會像名人那麼公開，會顯得比較傳統平凡，但我們也會發生同樣的事。一開始我們都抱著深切希望，希望自己成為什麼樣的人，期待能夠跟一些很棒的人結為同伴，一同展開偉大的人生冒險。我們夢想自己會獲得什麼樣的財富，我們的所作所為和最後的成就，將如何成為眾人傳頌的故事。但是，在幾年之後，我們常常這麼問自己：「我為什麼還要做這份工作？」「我每天幹這些事情到底意義何在？」還有，「為什麼我會讓自己這麼痛苦這麼不快樂？」

我們都有自己的人生故事，那是我們每天置身其中的真實生活，不過我們也都懷抱著一些理想化的期待，認為自己的生活應該是什麼樣子。完美生活的個人願景，也就是要「活出夢（想）」，然而不管我們多麼努力，做出多少犧牲，那個夢想的生活似乎總是遙不可及。其實，要達成自己夢想的生活，最可靠也最直接的辦法，就是先搞清楚自己的潛意識認知頭發生了什麼，它自然就會於外在真實生活中表現出來。

藉由潛意識創造出來的夜夢，你就可以開始聽到真正的自我，知道自己是什麼樣的人，你想在生活中達到什麼樣的境界，自然就能夠釐清那條邁向目標最直接的路徑。這個辦法可以帶來更深層的自我意識，讓你得以把目前的真實生活和夢中的理想未來連繫起來。到時你一定會感到很驚訝，因為你距離

自己那些遠大的夢想其實一點也不遠，你只需要下定決心，改變自己的觀點，自然就能把這些夢想帶進真實人生。

　　當你真實生活中的人生故事開始跟夢中故事匯流合一，你就會發現自己開始活出自己的夢。儘管你也許想要隱藏自己的夢想，它們也會不停的找上你，直到你能夠找到真正的自我，最終宣告了自己明確的真實。等到你的夢發現了你以後，你就會開始瞭解到，真正的快樂並不必要像是雜誌彩頁或電視廣告所描述的那樣多采多姿，而是你在生活之中，在一呼一吸之間活出自己的夢，那個只歸你一人所有的獨特大夢。

活出你的夢
LIVING YOUR DREAMS

　　當我們做夢的時候，人類幾百萬年以來的演化和個人日常生活中每分每秒的枝微末節也匯合在一起。人類演化成會做夢的動物，因此我們也就不只是經歷自己的一生而已，我們還同時擁有悠長世代精鍊而出的體悟，認知到未來的種種可能性。夢會帶領我們到達意識的邊緣，讓我們看見所有的機會，並見證我們的所有成就。它們就是我們擁有的最大禮物，邀請我們跨入神祕未知的領域，探索真正的自我，瞭解自己想要去向何處，又該怎麼到達彼地彼境。

　　我們做夢是為了記得自己是誰，同時瞭解我們想要成為什麼樣的人。我們做夢是為了重新找到那些本來就擁有的才能和想法，只是我們常常忽略了。我們做夢是為了探索那些富於潛能的未來和機會。我們做夢是要匯集收攏所有的記憶片斷，讓

我們遺落的希望再次連結成一個有意義的故事。瞭解我們在夢中創造的這些故事，我們就能開始理解自己的獨特，接納和珍惜自己的才華。

只是從遙遠的地方評估自己的處境，當個公正的觀察員，並不能實現自己的夢。真正踏入自己的夢，你才能成為自己夢中的那個人，真正去活出自己的夢，才能讓你沉浸在自己更為寬闊的體悟認知之中。你的潛意識會不斷的拉攏你跟夢中的自我，連結那個超越意識的更大自我，那是你在意識上很容易忽略的真正自己。你越是能夠連結到超越自己的世界，就越能夠連結到更為深刻的自我。

我們所有的人際關係、精神實踐和藝術創造，都是為了超越肉體，和自己之外的事物相互連結。而身為人類的最大成就，就是從夢中瞥見事物將會如何開展發生。我們很容易忽視自己的夢境，以為那只是腦海電波無關緊要而隨機閃現的片段，然而理解夢境，將之轉化為真實，才是人類的本質。夢會連結到我們的方方面面，當我們睡著之後，就會創造出我們都辨認得出來的各種世界。

當你讀到這些話的時候，你的潛意識也正在背後的某處悄悄的運作著，在你大腦千億個神經元之間四處閃爍。個別的大腦神經元有許多運作看似隨機，缺乏深層目的，但是在它們相互累積、協調運作之後，就會形成一些深富意義的活動。你的每一個腦細胞都本能的跟其他神經元相互連結，而在這難以計數的連結過程中，就會出現一些熟悉的主題和模式。你的夢就是你創造這些連結的故事，它們會讓你看到所有的可能性。

New Thought 3R

改變人生的100個夢境

運用夢中訊息，活出你人生精彩的創造能量

The Top 100 Dreams

The Dreams That We All Have And What They Really Mean

作者／伊恩・華勒斯（Ian Wallace）
譯者／陳重亨
封面設計／黃聖文
內頁排版／李秀菊
責任編輯／黃妏俐
校對／金薇華、黃妏俐、簡淑媛

Complex Chinese translation copyright © 2016 by New Planet Books
Published by arrangement with Hay House UK Ltd through Bardon-Chinese Media Agency

國家圖書館出版品預行編目(CIP)資料

改變人生的100個夢境：運用夢中訊息，活出你人生精彩的創造能量／伊恩・華勒斯（Ian Wallace）著；陳重亨譯. -- 二版. -- 臺北市：新星球出版：大雁文化發行, 2016.09
256面；15×21公分. --（New Thought ; 3R）
譯自：The top 100 dreams: the dreams that we all have and what they really mean
ISBN 978-986-92035-7-9（平裝）
1. 解夢
175.1　　105002784

新星球出版 New Planet Books

行銷／郭其彬、王綬晨、邱紹溢
企畫／陳雅雯、余一霞
總編輯／蘇拾平
發行人／蘇拾平
出版／新星球出版
105台北市松山區復興北路333號11樓之4
電話／（02）27182001
傳真／（02）27181258
發行／大雁文化事業股份有限公司
105台北市松山區復興北路333號11樓之4
24小時傳真服務／（02）27181258
讀者服務信箱／Email:andbooks@andbooks.com.tw
劃撥帳號／19983379
戶名／大雁文化事業股份有限公司
香港發行／大雁（香港）出版基地・里人文化
香港荃灣橫龍街78號正好工業大廈22樓A室
電話／852-24192288　傳真／852-24191887
Email ／anyone@biznetvigator.com

二版一刷／2016年 9 月　定價：新台幣300元
二版二刷／2019年10月
ISBN：978-986-92035-7-9